El Matrimonio es para Siempre

Los Fundamentos del Matrimonio Cristiano

John F. Kippley

Fundación para la Familia, Inc.
Cincinnati, Ohio

Editorial
Foundation for the Family, Inc.
Dirección

P.O. Box 111184
Cincinnati OH 45211
EE.UU.

Versión en español del libro de John F. Kippley, Marriage is for Keeps: Foundations for Christian Marriage, editado por The Foundation for the Family, Inc., Cincinnati, Ohio.
Traducción: Sra. Rosa María Acosta
Nihil obstat de la versión en inglés

Reverendo Edward J. Gratsch
3 de septiembre de 1993
Imprimatur de la versión en inglés

Reverendísimo Carl K. Moeddel
Obispo Auxiliar de la Diócesis de Cincinnati
22 de septiembre e 1993

> *Nihil obstat* e *Imprimatur* son declaraciones de que la publicación no contiene errores doctrinales ni morales. No significa que los otorgantes están de acuerdo con el contenido, ni las opiniones y declaraciones expuestas.

Datos de catalogación
Dewey: 284.4
ISBN: 0-926412-19-1
Kippley, John F.

El matrimonio es para siempre
1. Marriage   3. Sacraments
2. Christian marriage   4. Marriage counseling

Impreso: 10   9   8   7   6   5   4   3   2

Indice de Contenido

Reconocimientos

Las citas de las Sagradas Escrituras de esta versión en español se han tomado de la Biblia de Jerusalén, nueva edición totalmente revisada y aumentada, derechos de autor, 1975, equipo de traductores de la edición española de la Biblia de Jerusalén y Ediciones Españolas Desclée de Brouwer, S.A., Bilbao; y de la Nueva Biblia española, traducción de los textos originales dirigida por Luis Alonso Schökel y Juan Mateos, Ediciones Cristiandad, Madrid.

Prólogo

A las parejas comprometidas:

Si se han comprometido recientemente y están preparándose para comenzar una vida juntos, éste es un momento emocionante, maravilloso y muy especial en sus vidas. En lo profundo de sus corazones saben que lo que está sucediendo no es accidental, ni simplemente un golpe de suerte, o solamente algo del destino. Es el Señor que obra en sus vidas. Una de las razones por las cuales Dios los creó es para que ambos sean esposos cristianos que se ayuden mutuamente en el camino hacia el Reino de Dios. En una palabra, el verdadero matrimonio cristiano es santo y el Señor los llama a un nuevo grado de santidad.

Cuando contemplamos el mundo de hoy, vemos que el matrimonio, o lo que los sociólogos llaman "la institución del matrimonio", se encuentra en crisis. En los Estados Unidos, las parejas que se casan en los años noventa — inclusive las que se consideran católicas — tienen estadísticamente un 50 por ciento de probabilidad de que su matrimonio perdure. Es probable que ustedes tengan amigos o familiares que se casaron para alcanzar la felicidad y lo que han encontrado es desgracia. ¿Por qué algunos matrimonios se rompen poco después de la luna de miel, mientras que otros perduran toda una vida? ¿Por qué algunos se sienten profundamente heridos y desilusionados por el matrimonio, mientras que otros, aunque tengan que soportar la carga y los problemas que son parte de la vida, se sienten, después de cincuenta años de matrimonio más enamorados que el día de su boda? Este pequeño libro los ayudará a encontrar las respuestas.

Antes de casarse por la Iglesia, la pareja tiene que hacerse algunas preguntas importantes y responder a ellas: ¿Cuáles son mis valores y mis prioridades? ¿Qué significa mi compromiso? ¿Cuál es el propósito de mi vida? ¿Qué significa ser esposo, esposa, hombre, mujer? Las preguntas de este tipo nos hacen pensar en asuntos esencialmente espirituales. Si pueden responder a estas preguntas con madurez, honestidad y cristianamente, van rumbo a alcanzar un matrimonio próspero, feliz y que da vida. De nuevo, este pequeño libro los ayudará a encontrar las respuestas.

El primer capítulo es el más difícil. Pero tómense tiempo y léanlo cuidadosamente. Es difícil porque exige que ustedes se examinen con honestidad, que busquen al Señor y que desarrollen su relación con Él; en una palabra, exige seguir a Cristo. Otros capítulos les dan buenos consejos sobre asuntos tales como finanzas, comunicación e inclusive sobre los planes para la boda. Presten mucha atención a los capítulos que tratan sobre la sexualidad, el control de la natalidad y la planificación natural de la familia. La sexualidad y la espiritualidad están íntimamente relacionadas. Si tú y tu cónyuge tratan de vivir la sexualidad de manera saludable y cristiana, encontrarán que no solamente triunfarán en su matrimonio, sino que el mismo crecerá en amor y santidad.

A los sacerdotes, diáconos y ministros del matrimonio:

Descubrirán que este libro llena una necesidad importante que tienen las parroquias en los progrmas de preparación para el matrimonio. Es un libro que deben leer no solamente los novios, sino también el clero y los ministros laicos.

Al ayudar a las parejas a prepararse para un matrimonio cristiano hay tres cosas que necesitamos hacer. En primer lugar, está todo el papeleo y los requisitos de la ley civil y canónica. Esto es importante, pero no es el tema central de los capítulos que siguen. En segundo lugar, es necesario hacer muchas preguntas, cantidades y cantidades de preguntas. Antes de que una pareja se case, es necesario que hablen de muchas cosas. Los novios no tienen necesariamente que probarle nada al sacerdote o ministro laico. De hecho, el tiempo que los novios pasan juntos hablando, después de haberse entrevistado con el sacerdote o ministro laico es a veces más importante que el tiempo que hayan pasado hablando con éste. La palabra clave para todo esto es comunicación. Ya existe un gran número de guías, perfiles de personalidad y hasta hojas impresas de computadora disponibles para que las parejas adquieran destreza en la comunicación. Pero este libro ayudará a los novios a comunicarse sobre asuntos esenciales del matrimonio mismo, como la vocación de ser discípulos de Cristo, el control de la natalidad y el compromiso.

En tercer lugar, es preciso enseñar. Aquí es donde este libro puede llenar una gran necesidad en el programa prematrimonial de la parroquia. Nuestra Iglesia católica tiene un depósito de experiencia y sabiduría en temas como sexualidad, fertilidad, matrimonio y familia. A menudo los programas de la Iglesia de preparación para el matrimonio son excelentes para mejorar la comunicación entre los novios, pero también frecuentemente no damos a conocer adecuadamente la experiencia, enseñanza y sabiduría de la Iglesia en lo que se refiere al matrimonio. Los capítulos que siguen exponen, de manera clara y fácil de entender, la naturaleza del matrimonio auténticamente cristiano.

La lectura de este libro será beneficiosa para cualquier pareja de novios. Así mismo, puede ser material de lectura excelente en cursos sobre el matrimonio y la vida de la familia impartidos en seminarios y universidades. Ofrezcan este libro a las parejas de novios de su parroquia y háblenles de los temas que trata. Sugiéranles que lo conserven después de casarse para consultarlo una y otra vez cuando surjan problemas o dudas y también según se desarrolle su vida matrimonial cristiana.

Padre Gerard P. Hiland

Introducción

¿Por qué se escribió este libro?

Varios sacerdotes sugirieron que resultaría útil tener un libro sencillo que tratara con suficiente atención los tres aspectos más importantes de la preparación para el matrimonio: el seguimiento de Cristo, la indisolubilidad y la castidad matrimonial. Querían que incluyera también otros asuntos que forman parte de la preparación para el matrimonio en estos tiempos: comunicación, finanzas, la ceremonia nupcial, etc.

¿No están todos estos temas cubiertos por los programas prematrimoniales?

Mi experiencia personal es que la indisolubilidad y la castidad en el matrimonio son temas que no se enseñan. Por ejemplo, los sacerdotes en las parroquias pueden pensar que estos son temas que se enseñan a nivel diocesano en los programas prematrimoniales o en sesiones similares, y por otro lado a nivel diocesano pueden creer que esos asuntos tan importantes se están tratando a nivel parroquial. En algunos casos, los dos pueden estar equivocados. En otros, el contenido de este libro puede proveer un suplemento escrito a lo que se aprende en las sesiones cara a cara.

¿Por qué nosotros, las parejas comprometidas, debemos leer y comentar sobre los temas de este libro?

Si reflexionan sobre el esfuerzo que ustedes hacen para lograr un mayor grado de educación, estarán de acuerdo en que el triunfo alcanzado en cualquier curso difícil depende de la intensidad con la que se preparan. Si participan en competencias atléticas, saben que es imposible triunfar sin la preparación adecuada.

Piensan casarse. Saben que hace uno, cinco o diez años millones de otras parejas se casaron y que algunas son muy infelices, y otras hasta se han divorciado. Nadie quiere que sean parte de unas estadísticas de divorcio e infelicidad matrimonial. Tanto cada uno de ustedes como el sacerdote o diácono quieren que se les cuente entre los que fortalecen su amor en el matrimonio y permanecen felizmente casados ante las dificultades que inevitablemente enfrenta todo matrimonio.

Así que, ¿por qué no prepararse bien para el matrimonio? Si dedican algunas horas, o incluso muchas horas, para aprobar un curso de secundaria o universitario, tienen que dedicar algún tiempo en prepararse para este compromiso que durará para siempre y que requiere una forma de vida totalmente nueva.

Véanlo de la siguiente manera. ¿No necesitan saber, antes de casarse, todo lo que comprende el matrimonio cristiano? Este pequeño libro les ofrece un formato, una manera de comenzar. Puede ayudarlos a estudiar los aspectos más importantes del matrimonio cristiano: la vocación cristiana, la permanencia absoluta del verdadero matrimonio y la pureza de mente, corazón y cuerpo en el matrimonio. Las preguntas para estudiar que aparecen al final de cada capítulo las formuló un revisor que tiene muchos años de experiencia ayudando a las parejas a prepararse para el matrimonio. Deben facilitar el diálogo; por favor, úsenlas.

¿Cómo debemos usar este libro?

Ya que es corto, se puede leer en una o dos tardes, pero sugiero que se lea más despacio. Quizás el sacerdote o el diácono les pida que lean y estudien tres o cuatro capítulos entre cada entrevista con él. O quizás ustedes dos decidan leer y estudiar un capítulo por semana. Desarrollen un plan y síganlo.

¿Es fácil de leer?

Bueno, ¿que tal les va hasta aquí? Algunos de los primeros capítulos son un poco densos. Lo siento, ¿pero qué puede ser más importante que la relación permanente de cada uno con Dios y del uno con el otro? Mediante un formato general de preguntas y respuestas trato de hacerlo más ameno.

¿Es este libro para parejas en las que una de las personas no es católica?

Decididamente, sí. Si se están preparando para un matrimonio mixto en cuanto a la religión, espero que ambos lean este libro e intercambien impresiones sobre el tema. El matrimonio es ante todo una institución natural que ha sido elevada al plano sobrenatural por el sacramento cristiano y creo que el libro contiene mucho para quien no comparte plenamente la fe católica. Además, ambos deben entender la obligación del cónyuge católico de observar las enseñanzas de la Iglesia católica.

Puede ser que encuentren más sentido en algunos capítulos después de meses o años de casados, así que mantengan este libro como referencia.

Espero y ruego a Dios que en el matrimonio ustedes dos crezcan en santidad cristiana y que tengamos el placer de conocernos en el cielo.

John F. Kippley

1. Matrimonio y Vocación Cristiana

Empecemos por lo primero

Están pensando contraer matrimonio y que éste sea cristiano. Seguramente, es un matrimonio que de alguna manera está relacionado con Jesucristo. Un matrimonio en el que al menos uno de los dos es cristiano.

Y, ¿qué es un cristiano? En un sentido, toda persona bautizada válidamente es un cristiano y esa es una importante definición de la palabra. Sin embargo, a diario se oye la diferencia entre cristiano *verdadero* y cristiano *nominal*, es decir, sólo de nombre.

Por cristiano verdadero se entiende el que toma seriamente lo que significa ser cristiano. En otras palabras, la vocación cristiana, lo que significa ser discípulo de nuestro Señor Jesucristo. El cristiano nominal se define como el que se llama a si mismo cristiano pero no permite que eso afecte su vida diaria. Esta diferencia puede parecer poco caritativa a simple vista, pero realmente se ajusta mucho a lo que Jesús enseñó:

> No todo el que me diga: "Señor, Señor", entrará en el Reino
> de los Cielos, sino el que haga la voluntad de mi Padre
> celestial (Mt 7, 21).

Si van a contraer matrimonio cristiano, ¿no tendrá sentido que dediquen un poco de tiempo a examinar lo que significa ser cristiano? Eso es poner las cosas en orden de prioridad.

"...Y la verdad os hará libres".

¿Cuántas veces habrán oído esta frase sin saber quién la dijo? ¿Saben de quién es? ¿Han oído el resto de la frase que precede a estas palabras "...y la verdad os hará libres"?

Veamos:

> "Si os mantenéis en mi Palabra, seréis verdaderamente
> mis discípulos, y conoceréis la verdad, y la verdad os hará
> libres." (Jn 8, 32).

Eso significa lo siguiente: para ser verdaderamente libres es necesario conocer la verdad; para conocer la verdad, hay que ser discípulo de Jesucristo y para serlo es indispensable permanecer en su palabra.

Ser discípulo. . .

¿Qué es ser discípulo? La palabra discípulo viene del latín y significa "aprender". Ser discípulo significa reconocer la necesidad de aprender de tu maestro. Ser discípulo **cristiano** significa estar dispuesto y deseoso de aprender de Jesús. Aceptar con la mente y el corazón que eres pecador y que no puedes salvarte a ti mismo. El verdadero discípulo cristiano acepta a Jesús como su Señor y salvador personal y cree en Jesús con todo su corazón y toda su alma; acepta lo que Jesús afirma que es: "Yo soy el Camino, la Verdad y la Vida. Nadie va al Padre sino por mí" (Jn 14, 6).

Conversión

Hay también otro lado de la moneda. Una cinta de video para recaudar fondos para una universidad comienza con las siguientes palabras de una joven:

Me encanta esta universidad. El primer día de clases nuestro profesor de filosofía nos indicó: "De ahora en adelante tienen que pensar por su cuenta. Nadie les va a decir lo que está bien o mal."

¿De veras? ¿Y dónde queda Jesús? ¿Qué cristiano puede decirle a *Él*: "Tú no me puedes indicar lo que está bien o mal."?

Si aplicas a Cristo la actitud expresada en esa cinta de video, no eres discípulo de Jesús. La actitud del discípulo cristiano tiene que ser "Señor, enséñame a diferenciar entre el bien y el mal, dame la gracia de aceptar tu doctrina y de seguirte a Ti".

Como cristiano, se te ha bendecido con el don de la fe y se te ha concedido una relación especial con Cristo en el bautismo, pero es posible que no hayas reflexionado sobre lo que significa ser discípulo. Los versos que siguen, que usualmente recibo cada año en una tarjeta de Navidad, sirven para recordarnos quién es Jesús.

Una vida solitaria

Nació en una aldea desconocida,
hijo de una aldeana.
Trabajó en la carpintería
y era un predicador errante.
Nunca escribió un libro.
Nunca ocupó un puesto.

No hizo nada
de lo que asociamos con grandeza.
Han pasado diecinueve siglos,
y hoy Él es la figura central
de la humanidad.
Todos los ejércitos que han marchado,
todas las flotas que han navegado,
todos los reyes que han reinado,
conjuntamente,
no han afectado
la vida del hombre en este mundo
tanto como
ESA VIDA SOLITARIA.

Orgullo y arrogancia

Jesús sabía que el mayor impedimento para seguirlo sería una actitud de orgullo y arrogancia. Siempre ha sido así. Observemos cómo fue que Satanás tentó a nuestros padres, Adán y Eva: "seréis como dioses, conocedores del bien y del mal" (Gn 3, 5). En otras palabras, no tendrán que prestar atención a Dios; sabrán por sí mismos lo que es bueno y lo que es malo. En aquel entonces, esa fue la gran mentira del padre de la mentira y continúa siendo la gran mentira hoy día. Eva y luego Adán negaron a Dios la voluntad de buscar en Él la verdad y obedecerlo, y a eso llamamos Pecado Original. Pero a nuestra propia manera hacemos lo mismo cada vez que nos negamos a buscar en Dios la verdad sobre el bien y el mal y desobedecemos.

Nuestros primeros padres, actuando en nombre nuestro, perdieron la vida de gracia para ellos mismos y para nosotros. Jesús vino a salvarnos de los efectos de ese primer pecado y de los nuestros. San Juan Evangelista lo dice de manera abreviada:

Porque tanto amó Dios al mundo que dio a su Hijo único,
para que todo el que crea en Él no perezca, sino que tenga
vida eterna (Jn 3, 16).

Jesús, que conoce muy bien el problema del orgullo y de la arrogancia, lo abordó desde el comienzo de su vida pública. Marcos nos dice que Jesús comenzó su predicación con un mensaje básico: "el Reino de Dios está cerca; convertíos y creed en la Buena Nueva" (Mc 1, 15). Convertirse quiere decir, arrepentirse, que ocurra una "conversión de todo corazón". El arrepentimiento se refiere a nuestros pecados pasados y no hay duda que arrepentirse de los pecados del pasado es parte integral de esa conversión de todo corazón. No obstante, Jesús mira hacia adelante; le interesa más nuestro presente y futuro que el pasado, y la frase "conversión de todo corazón" nos da una mejor idea de lo que tenemos que hacer para ser discípulos suyos.

Si están preparados para esa conversión — y esto es algo en lo que tenemos que trabajar toda nuestra vida — entonces entienden a qué Jesús se refería cuando enseñó: "si no cambiáis [conversión] y os hacéis como los niños, no entraréis en el Reino de los Cielos. Así pues, quien se haga pequeño como este niño, ése es el mayor en el Reino de los Cielos" (Mt 3, 4). ¿Cuáles son las características más admirables en los niños? Verdaderamente son la apertura de corazón, la auténtica dependencia de sus padres, el deseo de aprender de los padres y maestros, el no ser pretencioso; y en el contexto se observa claramente que esto era lo que enseñaba Jesús.

La gloria y el precio del seguimiento de Cristo

Nos encanta escuchar a San Pablo citar al profeta Isaías, "ni el ojo vio, ni el oído oyó, ni al corazón del hombre llegó, lo que Dios preparó para los que le aman" (1 Co 2, 9).

Si tenemos mucha experiencia en la vida, nos conforta el llamado de Jesús: "Venid a mí todos los que estáis fatigados y sobrecargados, y yo os daré descanso. Tomad sobre vosotros mi yugo, y aprended de mí, que soy manso y humilde de corazón; y hallaréis descanso para vuestras almas. Porque mi yugo es suave y mi carga ligera" (Mt 11, 28–30).

Al mismo tiempo, sabemos que el símbolo universal del cristianismo es la cruz. "Si alguno quiere venir en pos de mí, niéguese a sí mismo, tome su cruz cada día, y sígame" (Lc 9, 23).

En el mismo pasaje, en el siguiente versículo se expone una de las verdades prácticas que Jesús enseñó: "Porque quien quiera salvar su vida, la perderá; pero quien pierda su vida por mí, ese la salvará." ¿Quién hubiera podido decir semejante cosa, sino Dios hecho hombre? Si lo decimos usted o yo, la gente pensaría que estamos locos. Ésta es una de las formas indirectas que Jesús usó para enseñarnos quién era y es Él: verdadero Dios y verdadero hombre. Lo que esto significa, es a la vez simple y profundo: si nos negamos a aceptar la cruz del seguimiento de Cristo para buscar riquezas y placeres, inclusive el placer del matrimonio, perderemos la vida eterna; por otro lado, si estamos dispuestos a morir a nosotros mismos y a caminar con Jesús en esta vida, estaremos con Él por toda la eternidad.

Jesús concluye esta enseñanza con una afirmación que ha logrado la conversión de muchos: "¿de qué le servirá al hombre ganar el mundo entero, si arruina su vida?" (Mt 15, 26) Al prepararte para el matrimonio, ¿qué mayores realidades puedes considerar?

En el Sermón de la Montaña, Jesús nos enseñó de manera similar: "Entrad por la entrada estrecha; porque ancha es la entrada y espacioso el camino que lleva a la perdición, y son muchos los que entran por ella; más ¡qué estrecha la entrada y qué angosto el camino que lleva a la Vida!; y pocos son los que lo encuentran" (Mt 7, 13–14). Los especialistas en la Biblia nos dicen que "pocos" quiere decir "no todos", pero aun así esta enseñanza sigue siendo desconcertante. Es perfectamente posible para usted y para mí negarnos a seguir el camino que lleva a la entrada estrecha y caminar por el sendero fácil que lleva a la perdición.

¿Puedes reconocer que eres pecador?

La primera condición del cristiano adulto es la voluntad de reconocer que "he pecado". Hasta los grandes santos reconocían que eran pecadores, aunque ellos más bien advertían sus imperfecciones y el gran abismo que había entre ellos y la perfección absoluta de Dios. Pero, para la mayoría de nosotros, se trata de reconocer que en ciertos pensamientos, deseos, palabras u obras, hemos pecado contra Dios y frecuentemente contra nuestro prójimo. Simón Pedro, cuando por primera vez se dio cuenta de que Jesús era verdaderamente un Hombre de Dios, al presenciar el milagro de la pesca, se dirigió a Él diciendo: "Aléjate de mí, Señor, que soy un hombre pecador" (Lc 5, 8).

Nos resulta algo fácil aceptar, en términos muy generales, que somos pecadores, pero el *verdadero* arrepentimiento, el dolor y la conversión requieren que nos acusemos *específicamente* de los pecados cometidos.

Esto es difícil para cualquiera ya que requiere humildad. Es fácil para alguien reconocer que no ha estado asistiendo a Misa los domingos, pues eso resulta obvio a sus amigos y familiares. Otra cosa es acusarse por ello de haber faltado al tercer Mandamiento. Un empleado puede bromear abiertamente de haber robado al jefe cuando ha tomado un "día por enfermedad" para gozar de un día libre, pero es muy difícil acusarse de que eso es pecado. ¿Por qué? Creo que todos reconocemos que cuando admitimos que estamos pecando, tenemos que experimentar el cambio al que Jesús nos llama, tanto en nuestra conducta como en nuestro corazón.

Acusarse a sí mismo puede ser particularmente difícil para algunos novios, porque es posible que estén cometiendo pecados de impureza: fornicación (así le llama la Biblia a las relaciones carnales fuera del matrimonio), masturbación, excitación sexual deliberada (de uno mismo o del otro) y el llevar a otra persona al pecado. Los pecados relacionados al sexo conducen a la formación de malos hábitos muy arraigados. De hecho, es bastante difícil para cualquiera ser casto de pensamiento, palabra y obra. El mal hábito arraigado, lo hace todavía más difícil. Es fácil hacerse esclavo de los hábitos sexuales pecaminosos; y, por lo tanto, qué mejor razón podemos tener para buscar a Jesús, y responder a su llamado a la conversión, ahora mismo, no luego.

Si tú y tu futuro cónyuge están llevando una vida inmoral ¿no es hora ya de reconocer que ese comportamiento no conduce por el camino de Jesús?, y ¿no es ya hora de convertirse de todo corazón y modificar ese comportamiento?

¿Cómo pueden hacerlo?

Si saben cuáles son las exigencias de la vida moral cristiana y también reconocen su propia debilidad y sus pecados, podrían preguntarse, "¿cómo yo, con mis debilidades, puedo caminar por el sendero angosto con Jesús?" La respuesta es sencilla: solo es imposible, pero con la ayuda de Jesús sí pueden. San Pablo nos relata que estaba muy descontento con cierta prueba que describía así: "un ángel de Satanás que me abofetea para que no me engría. Por este motivo tres veces rogué al Señor que se alejase de mí. Pero él me dijo: "Mi gracia te basta, que mi fuerza se muestra perfecta en la flaqueza" (2 Co 12, 7–9).

Lo que se aplicaba a San Pablo se aplica también a usted y a mí.

La seguridad de que se nos perdonará

Para la mayoría de nosotros los pecadores, las dos parábolas de Jesús más alentadoras son las del Buen Pastor y la del Hijo Pródigo. En la primera, Jesús nos narra cómo Dios va en busca del pecador y relata la alegría que se produce en el cielo cuando un pecador se arrepiente (Mt 18, 12–14). La parábola del Hijo Pródigo (Lc 15, 11–32) es más larga y completa. El joven se marcha de su casa para vivir en la inmoralidad. Después de un tiempo, se da cuenta de su error y llega al momento crucial; se acusa de sus pecados:

> Me levantaré, iré a mi padre y le diré: 'Padre, pequé contra
> el cielo y ante ti. Ya no merezco ser llamado hijo tuyo,
> trátame como a uno de tus jornaleros.'

Entonces se confiesa ante su padre, quien se regocija y lo perdona.

El Sacramento de la Reconciliación

Como somos pecadores, Jesús nos ha dado el Sacramento de la Reconciliación para hacer precisamente eso: reconciliarnos con Dios por medio de su Iglesia. Una de las mejores resoluciones que pueden hacer los novios es confesarse mensualmente, comenzando ahora mismo y por el resto de sus vidas. No tenemos por qué preocuparnos de confesar algo que el sacerdote no haya oído antes. Muchos encuentran particularmente difícil confesar los pecados de impureza. Pues, claro está, que son vergonzosos y señalan nuestra debilidad, pero de ningún modo sorprenderán al sacerdote. Un sacerdote que revisó este libro añadió a este párrafo lo siguiente: Hasta el sacerdote más joven está entrenado para oír sobre las debilidades y caídas en esta materia y para no juzgar severamente a los que se hayan dejado llevar de los impulsos sexuales en un momento de debilidad o por hábitos compulsivos. Además, aunque el sacerdote, por una protección especial de Dios, nunca haya caído en un pecado grave en esta materia (y no todos los sacerdotes han sido tan afortunados), como conoce su propia debilidad, no puede sentirse moralmente superior a su hermano o hermana que ha caído en el pecado.

Arrepentimiento y curación

Es tremendamente importante que sepamos que los Mandamientos de Dios son para nuestro bien y no el bien de Dios. Estos detallan las relaciones básicas entre usted y Dios y usted con el prójimo. Violar los Mandamientos es actuar contra su propia naturaleza de criatura creada a imagen y semejanza de Dios.

¿Alguna vez han oído decir "Lo que no conoces no te puede hacer daño?" ¡Díganle eso a uno que se haya envenenado por comer hongos no comestibles! ¡Qué mentira! La realidad es que lo que no se conoce puede, sin duda, hacerle mucho daño a uno.

Por ejemplo, es posible que por ignorancia algunas parejas cohabiten antes del matrimonio. Quizá no sepan que ese comportamiento es objetivamente pecaminoso. (Quizá, ¿pero por qué tratan de "justificarlo"?) A pesar de todo, tener relaciones sexuales fuera del matrimonio sí hiere espiritualmente a los dos, y es necesario que esa herida se sane. A veces el daño sicológico que causan esas relaciones impide a los novios dar su consentimiento de fidelidad para toda la vida en el matrimonio. No es una sorpresa el hecho de que la tasa de divorcio entre las parejas que han cohabitado antes del matrimonio es más alta que la de las parejas que no lo han hecho.

Es decir, que si ustedes han tenido relaciones sexuales prematrimoniales, necesitan sanación. Por su propio bien, necesitan arrepentirse y reconciliarse con Dios. Necesitan desarrollar un noviazgo casto, quizás hasta necesiten una separación temporal y un poco de tiempo especial con Dios, para facilitarles el camino a la sanación.

Si esto les aplica, verán que el mejor lugar para comenzar es el confesionario, donde se puede encontrar la paz y empezar de nuevo.

Caminar juntos con el Señor

Vivir el Sacramento del Matrimonio es una forma especial de poner en práctica el seguimiento de Cristo. El matrimonio es definitivamente una vocación, un llamamiento del Señor, pero no es un llamamiento sólo a "casarse" para luego olvidarse de practicar la Fe activamente y dejarla sólo para ocasiones especiales como la Navidad, la Pascua, los bautizos y las bodas.

Cuando reciben el Sacramento del Matrimonio, ustedes son llamados a caminar con el Señor; los dos juntos. Para formarse una imagen, háganse la idea de que los dos caminan junto a Jesús, Él en medio tomándolos de la mano. Ese es el matrimonio cristiano feliz y duradero.

En la visión cristiana de vivir juntos como marido y mujer, *ambos están de acuerdo en que el fin principal del matrimonio es ayudarse el uno al otro a alcanzar su meta de vida eterna.* Concuerdan en que es necesario ayudarse mutuamente en el camino hacia el cielo.

Si esta visión del matrimonio no significa nada para usted o para la persona con quien tiene intenciones de casarse, entonces, ¿no será necesario que se pregunten por qué quieren contraer matrimonio **cristiano**? Si cada uno tiene una opinión totalmente divergente e inclusive irreconciliable sobre lo que es ser discípulo de Cristo o sobre permitir que Cristo sea Rey y Centro de su vida personal y de casados, ¿no será necesario preguntarse si en realidad el Señor los ha llamado a contraer matrimonio?

Muchas parejas prefieren no pensar sobre su propuesta de matrimonio a la luz del seguimiento de Cristo, y quizá eso pueda aplicarse a ustedes. Pero ¿qué puede suceder si cada uno piensa de manera diferente sobre la necesidad de permitir que Jesús tenga dominio sobre su vida matrimonial? ¿Qué puede pasar si se dicen a si mismos que como han llegado hasta aquí sin que esas diferencias puedan crear problemas, están seguros de que todo continuará perfectamente bien hasta que la muerte los separe?

Cualquier consejero sobre matrimonio, especialmente uno cristiano, les diría, "No se engañen. Esa pretensión es muy peligrosa".

Si lo anterior les aplica, deben preguntarse si la razón principal por la que la vocación cristiana no ha sido un punto controvertible entre ustedes es porque en realidad ninguno de los dos ha sido verdadero discípulo de Jesús. ¿Sería posible que aparte de actuar sólo de apariencias y asistir a la Misa Dominical, su comportamiento —especialmente en las cosas que hacen juntos — no sea muy distinto al de un ateo?

Les puedo asegurar que el esplendor del período de noviazgo no perdurará. Tarde o temprano, la religión — la vocación cristiana — será importante para uno de los dos. Si para usted es importante que Cristo murió para salvarle y llevarle a la vida eterna, y piensa casarse con un ateo práctico (aunque haya sido bautizado en la Iglesia Católica), puede estar seguro de que las diferencias entre los dos se agudizarán según pasen los años. Aunque sea una persona totalmente irreligiosa, un ateo práctico, que planifica casarse con una persona Católica que no practica, es posible que la llama de la fe en esa persona no permanezca apagada toda la vida. (Un ateo práctico es una persona que cree que Dios existe, pero no permite que eso afecte de manera significativa su vida personal, social y de familia).

El matrimonio cristiano es el llamado a caminar juntos con el Señor, ayudándose mutuamente en el camino de la salvación, y criando a los hijos en los caminos del Señor. Este es el camino en que la mayor parte de los cristianos están llamados a vivir el seguimiento de Cristo.

Temas para estudiar juntos:

1. ¿Creemos los dos que, a la larga, el fin de nuestro matrimonio es el ayudarnos mutuamente a alcanzar la meta de la vida eterna?

2. ¿Qué cambios específicos en nuestro corazón o en nuestra conducta, necesitamos para caminar con mayor plenitud el camino del Señor?

3. ¿Qué hábitos tenemos que cultivar o cambiar — ahora — para vivir nuestro matrimonio como discípulos de Cristo?

4. ¿Cómo vamos a poner en práctica nuestra creencia de que el matrimonio es una relación de tres personas: un hombre, una mujer y Dios?

2. ¿Por qué casarse en una Iglesia y por la Iglesia?

La primera parte de la pregunta se refiere a por qué celebrar la ceremonia en una iglesia y no en un sitio al aire libre o en un hotel. La respuesta es muy sencilla: la celebración de la ceremonia en una iglesia manifiesta el carácter seriamente religioso del matrimonio.

La segunda parte de la pregunta se refiere al hecho de ser católicos. ¿Por qué un sacerdote debe oficiar y ser testigo oficial de la unión en matrimonio de una pareja católica? La respuesta corta y sencilla es que los católicos están sujetos a las leyes de la Iglesia sobre el matrimonio. La respuesta más larga se adentra en la cuestión fundamental de por qué debemos ser católicos y por tanto preocuparnos de casarnos por la Iglesia. De eso trata el resto de este capítulo.

¿Por qué eres católico?

Es posible que usted haya nacido en una familia católica y que haya sido bautizado a muy temprana edad y le cuesta trabajo decir mucho más que eso. Aunque ese es un punto de partida, debería poder dar las razones de su fe como lo hace cualquier adulto converso. La historia de la Iglesia está repleta de conversiones de adultos. Inclusive en nuestra época, muchos han dejado sus carreras exitosas como ministros anglicanos y protestantes para convertirse plenamente a la fe de la Iglesia Católica. ¿Qué los lleva a abrazar la fe católica?

Las largas respuestas se encuentran en los libros que muchos de ellos han escrito; la respuesta corta es muy sencilla y es lo que todo converso y católico informado cree: Jesucristo fundó la Iglesia Católica como su forma escogida de mantener vivos su Camino, su Verdad y su Vida.

¿Estableció Jesús, realmente, una Iglesia visible y estructurada?

Claro que sí. El concepto de una iglesia invisible y sin estructura se puede describir mejor como una ilusión reaccionaria, ya que no tiene fundamento ni en la Biblia ni en la historia. En el Antiguo Testamento, Dios se tomó más de 1,900 años desde el llamado de Abraham hasta el nacimiento de Jesús para edificar la Iglesia de la Antigua Alianza, que no cabe duda era un pueblo de Dios, visible y estructurado.

La segunda persona de la Santísima Trinidad tomó nuestra naturaleza humana visible para completar la obra de la Antigua Alianza y establecer la Nueva Alianza con su propia sangre. Al establecer la Iglesia de la Nueva

Alianza, Jesús prosiguió el mismo plan que Él, como Dios, había establecido ya en la Iglesia de la Antigua Alianza. Escogió y formó a los Doce Apóstoles como grupo especial. Predicó con autoridad y dio esta autoridad a los Apóstoles. "Quien a vosotros os escucha, a mi me escucha; y quien a vosotros os rechaza a mi me rechaza; y quien me rechaza a mi, rechaza al que me ha enviado" (Lc 10, 16). Les dio medios especiales y visibles para la santificación de su pueblo. A los mismos Doce, otorgó la estructura básica que perdura hasta el presente, dando a Pedro la función específica ser cabeza de la Iglesia.

¿Cuál era la función de Pedro entre los Doce?

Jesús hizo a Pedro la cabeza de los Doce. Así lo reconocían claramente los demás apóstoles y toda la Iglesia primitiva. Luego de la Resurrección, la relación de Pedro con los Once era, como sigue siendo, la relación que existe entre el Papa, Obispo de Roma, y los demás obispos de la Iglesia en todo el mundo. Pedro y los otros eran todos apóstoles, pero Jesús le dio a Pedro la función de ser cabeza. El Papa y los otros obispos son todos sucesores de los apóstoles, pero el Papa es el sucesor de San Pedro y tiene la misma función, ser la cabeza de la Iglesia tal como Cristo lo estableció.

¿Cuáles son los fundamentos bíblicos del primado de Pedro?

Los evangelios contienen tres relatos fundamentales de Jesús sobre la fundación de su Iglesia y los Hechos de los Apóstoles contienen numerosas expresiones que demuestran que Pedro era la cabeza. Además, toda lista de los Doce Apóstoles comienza con Pedro. Veamos la distinción especial que tuvo Jesús con Pedro y lo que Él le dijo:

> Llegado Jesús a la región de Cesarea de Filipo, hizo esta pregunta a sus discípulos: "¿Quién dicen los hombres que es el Hijo del Hombre?" Ellos dijeron: "Unos, que Juan el Bautista; otros dicen que Elías, otros que Jeremías o uno de los profetas." Díceles él: "Y vosotros ¿quién decís que soy yo?"
>
> Simón Pedro contestó: "Tú eres el Cristo, el Hijo de Dios vivo."
>
> Replicando Jesús le dijo: "Bienaventurado eres Simón, hijo de Jonás, porque no te ha revelado esto la carne ni la sangre, sino mi Padre que está en los cielos. Y yo a mi vez te digo que tú eres Pedro, y sobre esta piedra edificaré mi Iglesia, y las puertas del Hades no prevalecerán contra ella. A ti te daré las llaves del Reino de los Cielos; y lo que ates

en la tierra quedará atado en los cielos, y lo que desates en
la tierra quedará desatado en los cielos" (Mt 16, 13–19).

Hasta ese momento no había ningún judío que se llamara Pedro. Los
padres no daban a sus hijos el nombre de roca. (Hubo un momento en que
algunos escépticos anticatólicos trataron de probar que Pedro era un nombre
común entre los judíos, pero probaron justo lo contrario: ningún judío se
llamó Pedro antes de ese acontecimiento). El hombre que hizo un acto de fe al
reconocer a Cristo como el Mesías, así como su divinidad, se llamaba Simón
Bar-Jona, es decir, Simón, hijo de Juan. Jesús le cambió el nombre.

Pedro viene del griego petra, roca. El cambio de nombre designó un
cambio de realidad, y es un paralelismo directo con lo que Dios había hecho
al formar su Iglesia de la Antigua Alianza.

Recordemos que "Yahveh", el nombre que Dios se dio a si mismo cuando
se reveló a los hebreos, llamó a un hombre llamado Abram (Gn 12, 1) al
que posteriormente dio el nombre de Abraham, que quiere decir padre de
muchedumbre de pueblos (Gn 17, 5). Eso lo hizo Yahveh aunque Abraham
ya tenía 99 años y su hijo Isaac no había sido concebido. Y Yahveh cumplió
su promesa.

Jesús cambió el nombre y consiguientemente la realidad de Simón en
Piedra y le prometió edificar la Iglesia sobre esa Piedra: "y sobre esta piedra
edificaré mi Iglesia". Y Jesús cumplió su promesa.

El segundo es el relato de la Última Cena, cuando Jesús dio a Simón Pedro
el cargo especial de confirmar al resto de los Apóstoles. Fíjense que esto no
fue porque Simón tuviera ninguna virtud singular. Muy lejos de eso. Jesús
dio este mandato a Simón y al mismo tiempo predijo que Pedro lo negaría.
Es una declaración poderosa y perdurable de que el primado de Pedro y sus
sucesores los papas no se funda en la virtud personal de cada uno sino sólo
en la voluntad de Cristo.

"¡Simón, Simón! Mira que Satanás ha solicitado el poder
cribaros como trigo; pero yo he rogado por ti, para que tu
fe no desfallezca. Y tú, cuando hayas vuelto, confirma a
tus hermanos."

Él dijo: "Señor, estoy dispuesto a ir contigo hasta la
cárcel y la muerte." Pero él dijo: "Te digo, Pedro: No
cantará hoy el gallo antes que hayas negado tres veces que
me conoces" (Lc 22, 31-34).

En tercer lugar, se encuentra el relato de los Evangelios sobre la conversación entre Jesús y Simón Pedro después de la Resurrección (Jn 21, 15–17). Tres veces Jesús le pregunta a Pedro si le ama, y tres veces Pedro le contesta: "Sí, Señor, tú sabes que te quiero." Como respuesta a la primera afirmación de Pedro, Jesús le dice: "Apacienta a mis corderos." A la segunda: "Apacienta a mis ovejas." Y a la tercera, de nuevo: "Apacienta a mis ovejas." Jesús frecuentemente se había referido a sí mismo como al Buen Pastor y a sus seguidores como a sus ovejas. Ahora pasa a Simón Pedro la responsabilidad de pastor jefe, y esa ha sido la función del Papa hasta el presente.

Mencionaremos aquí sólo unos pocos ejemplos de los tantos que encontramos en los Hechos de los Apóstoles sobre la primacía de Pedro. En Pentecostés, es Pedro el que habla en nombre de todos (Hch 2,14–42). Pedro es el que hace el primer milagro de curación y lo explica (Hch 3). Es a Pedro a quien el Señor llama a acoger a los primeros gentiles en la Iglesia (Hch 10). Y cuando surge una controversia, es Pedro quien la resuelve con autoridad (Hch 15,1–12).

La Sagrada Escritura establece claramente que Cristo estableció su Iglesia sobre Pedro, la Roca, y que la primacía de Pedro se sigue pasando a sus sucesores, los Papas.

¿Por qué se encuentran en Roma el Papa y el gobierno central de la Iglesia?

Pedro llevó el mensaje de Cristo a Roma que era en aquellos días el centro de la civilización y el gobierno; el fue el apóstol de Roma y allí sufrió el martirio. (Sobre su tumba se edificó una iglesia, que es hoy la Basílica de San Pedro.) Los que fueran sucesivamente obispos de Roma han sido siempre reconocidos como los sucesores de la primacía de Pedro y esto fue así desde el principio, cuando todavía vivían algunos de los apóstoles. Por ejemplo, cuando todavía vivía el amado Apóstol Juan, el Papa Clemente, tercer sucesor de Pedro, escribió una carta a la Iglesia de Corintio para corregir los abusos que le habían comunicado, y con plena autoridad esperaba que se le obedeciera:

> Si algunos no hacen caso de lo que por medio nuestro Él
> [Jesucristo, Nuestro Señor] os ha dicho, entiendan que se
> ponen en pecado y peligro grave[1].

Desde un principio se reconoció que si surgía alguna confusión sobre qué enseñar y creer, sólo era necesario volverse a Roma. San Ireneo, Obispo de Lyon, en sus escritos de alrededor del año 190, hace hincapié tanto en la unidad de la fe católica como en la primacía de la Iglesia de Roma. La Iglesia . . . cree todo esto como si tuviera una sola alma y un solo corazón, y poseyera una sola boca. Porque siendo diversas las lenguas del mundo, no obstante la autoridad de la tradición es una y la misma. Tampoco las Iglesias de los alemanes tienen otras creencias y otra tradición, ni tampoco las de los iberos, ni de los celtas, ni de los del Este, ni de Egipto, ni de Libia, ni de las que se han establecido en las regiones centrales del mundo[2].

Dirigiéndose a la cuestión de cómo se puede conocer la verdadera doctrina apostólica aproximadamente un siglo después de la muerte del último de los apóstoles, Ireneo escribió:

Pero como sería muy extenso enumerar en un volumen como este, todas las sucesiones de todas las Iglesias, abominaremos a todas las que por satisfacción propia o vanagloria, o que por ceguera y opinión perversa se congregan donde no es propio, señalando aquí las sucesiones de los obispos de la mayor y más antigua Iglesia conocida por todos, fundada y organizada en Roma por dos de los más gloriosos apóstoles, Pedro y Pablo, la Iglesia que posee la tradición y la fe que nos llega después de que se anunciara a los hombres por los apóstoles. Porque con esta Iglesia, por su origen superior, tienen que estar de acuerdo todas la Iglesias, es decir, todos los fieles de todo el mundo; y es en ella que todos los fieles de todas partes han mantenido la tradición apostólica[3].

¿Cómo sigue Jesús trabajando por medio de su Iglesia?

Jesús, en su propia persona, era y es Profeta, Rey y Sacerdote y sigue siéndolo en su Iglesia. Tradicionalmente, decimos que Jesús, la Cabeza, continúa enseñando, gobernando y santificando por medio de su Cuerpo, la Iglesia.

Enseñar. Lo último que Jesús hizo antes de ascender al cielo fue reafirmar a los apóstoles y a sus sucesores en la labor que les había encomendado:

"Me ha sido dado todo poder en el cielo y en la tierra. Id, pues, y haced discípulos a todas las gentes bautizándolas en el nombre de Padre y del Hijo y del Espíritu Santo y enseñándoles a guardar todo lo que os he mandado. Y he aquí que Yo estoy con vosotros todos los días hasta el fin del mundo" (Mt 28, 18–20).

Por medio de su Iglesia, Jesús continúa enseñándonos en qué creer y cómo vivir, es decir, la fe y la moral.

Gobernar. Toda organización en este mundo, desde la familia hasta la Iglesia católica, necesita autoridad legítima y orden, o se produciría el caos. Dentro de la Iglesia católica, la autoridad suprema para enseñar y gobernar reside en el Papa y los obispos en comunión con él y este orden fue claramente establecido por Cristo.

Si alguien exclama, "No me gusta que la Iglesia me esté diciendo siempre lo que debo hacer", escuchan a una persona mal informada sobre la Iglesia o a alguien que simplemente no quiere prestar atención a la Iglesia cuando esta realiza su labor de enseñar los Mandamientos o de guiar a los fieles a comportarse como una familia unida. Esta función de liderazgo requiere que se dicten por lo menos algunas reglas. De hecho, aparte de enseñarnos a cumplir todo lo que el Señor nos manda, la Iglesia tiene muy pocas reglas que afectan al católico que no es sacerdote ni religioso. Estas reglas se llaman los Seis Preceptos de la Iglesia, y los enumero aquí para demostrar que no son extensos ni onerosos.

1. Asistir a Misa todos los domingos y fiestas de guardar.
2. Recibir el Sacramento de la Reconciliación por lo menos una vez al año (si se ha cometido pecado mortal).
3. Recibir el Sacramento de la Sagrada Eucaristía por lo menos una vez al año durante la Pascua (entre el primer domingo de Cuaresma y la fiesta de la Santísima Trinidad, el domingo después de Pentecostés).
4. Santificar los días de guardar.
5. Ayunar y abstenerse de comer carne los días señalados.
6. Pagar los diezmos (contribuir al sostenimiento de la Iglesia).

La razón por la cual la mayoría de los católicos prácticos no pueden repetir de memoria estos mandamientos es porque no los sienten como reglas o preceptos; los católicos prácticos simplemente los cumplen como cosa usual.

Santificar. Cristo nos ha dado siete medios ordinarios para conferirnos su gracia santificante y a estos llamamos los Siete Sacramentos. Bautismo, Penitencia y Reconciliación, Eucaristía, Confirmación, Matrimonio, Orden

Sagrado y Unción de los Enfermos. Además, Jesús continúa exhortándonos, por medio de su Iglesia y de su palabra en las Escrituras, a orar y a llevar nuestra cruz diariamente, inclusive mediante actos voluntarios de sacrificios.

¿Qué seguridad nos ha dado Jesús de que lo que la Iglesia enseña es verdad?

Es de sentido común en materia religiosa que Jesús, después de haber enseñado y hasta llegado a morir por la verdad, haya dejado a sus seguidores una manera firme y fácil de conocer la verdad. Esa manera segura es específicamente la doctrina de la Iglesia que Él fundó.

Además, durante la Última Cena prometió repetidamente que no nos dejaría huérfanos. Prometió a los doce apóstoles que enviaría al Espíritu Santo sobre ellos para guiarlos a la plenitud de la verdad. Por ejemplo,

"Os he dicho estas cosas estando entre vosotros. Pero el Paráclito, el Espíritu Santo, que el Padre enviará en mi nombre, os lo enseñará todo y os recordará todo lo que os he dicho" (Jn 14, 25–26).

En Jn 14, 16–17; 15, 26–27; 16, 12–13, se encuentran promesas similares.

La fe católica, en última instancia, se reduce a lo siguiente: los católicos creen que Jesús cumple su promesa y que el Espíritu Santo ha guiado siempre y continúa guiando a los apóstoles y a sus sucesores hacia la plenitud de la verdad.

¿Por qué necesitan los cristianos tanto a la Iglesia como a la Biblia?

Para empezar, Jesús nos dio la Iglesia *directamente* y fue a través de la Iglesia que nos dio la Biblia. Si Cristo hubiese querido una religión sólo de libro, Él mismo lo hubiera escrito. Pero no lo hizo así. Lo que hizo fue establecer una Iglesia viviente a la que continúa guiando por medio del Espíritu Santo. Casi no tiene sentido decir, que podemos descartar lo que Cristo consideró precisamente más importante. Por cierto, Dios utilizó el mismo proceso en la Antigua Alianza. Primero formó su pueblo al que podemos llamar apropiadamente la Iglesia de la Antigua Alianza y de este pueblo escogió a Moisés, a los profetas y a algunos otros para que escribieran su doctrina.

En segundo lugar, cualquier persona observadora ve claramente que la Biblia no se interpreta por sí misma. Esto lo evidencia el gran número de interpretaciones contradictorias que han caracterizado a las numerosas divisiones del Protestantismo.

Tercero, los que creen que todo lo que necesitamos es la Biblia no pueden hallar ninguna base bíblica en que apoyar esa creencia. Realmente la Biblia dice que "Toda Escritura es inspirada por Dios y útil para enseñar, para argüir, para corregir y para educar en la justicia" (2 Tm 3, 16); asimismo, con toda certeza, en ninguna parte dice que *sólo* la Sagrada Escritura constituye la norma de fe y moral. Verdaderamente, la Biblia misma dice que la Iglesia es la "columna y fundamento de la verdad" (1 Tm 3, 15). Es más, San Pablo, que escribió una gran parte del Nuevo Testamento, menciona específicamente el papel de la Tradición, es decir, las enseñanzas que se transmiten oralmente y por la práctica (1 Co 11, 2 y 23).

¿Por qué necesitamos que la Iglesia nos diga cómo debemos comportarnos?

Lo que esta pregunta realmente plantea es ¿por qué necesitamos que Cristo guíe nuestras acciones?

Lo primero que tenemos que decir es que Cristo, a través de su Iglesia, nos dice específicamente mucho de lo que debemos hacer. Es decir, que el gran mandamiento de amarnos los unos a los otros como nos ama Cristo no hace indicaciones específicas. Esto ya se mencionó antes cuando tratamos sobre los Seis Mandamientos de la Iglesia.

Sin embargo, en todos los tiempos es necesario que nuestras debilidades humanas sean rechazadas, necesitamos que se nos estimule a guardar los Mandamientos, a no cometer aquellas acciones que se nos han revelado como pecaminosas.

En estos tiempos ¿se preocupa demasiado la Iglesia sobre el sexo?

La Iglesia siempre se aferra al amor. Jesús vino a enseñarnos la verdad sobre el amor y continúa enseñándonos esas verdades. En una era en que el sexo se usa de manera tremendamente inmoral, la Iglesia tiene la obligación de seguir recordándonos las exigencias del amor verdadero.

Realmente es *la cultura occidental* la que se preocupa exageradamente del sexo, como lo evidencian la gran industria de la pornografía, así como la forma explícita en que los medios de comunicación social tratan el tema, la forma velada de promover la prostitución (salones de masaje y servicios de pareja), el uso del sexo como medio de promoción de mercancías y la aceptación cada vez mayor de las relaciones homosexuales y lesbianas. Los tristes efectos los encontramos por doquier, frecuentemente en las noticias de primera plana: violaciones, crímenes pasionales, divorcio y deserción sin límites; números increíbles de embarazos fuera del matrimonio; niveles epidémicos de enfermedades venéreas, entre ellas el SIDA; el abuso sexual de menores, y el aborto de más de medio millón anual de niños por nacer, y esto sólo en los Estados Unidos. Lo que antes todos consideraban una trágica necesidad — el que una madre soltera tuviera que criar sola a su hijo ilegítimo — ahora se promueve como un estilo de vida perfectamente aceptable, deliberadamente planificado y escogido. Las lesbianas no ocultan el uso de la inseminación artificial para concebir hijos y así poder criarlos de acuerdo con sus falsas ideas y sin la influencia del hombre en la casa.

En la cultura actual, es necesario que la voz de Cristo, por medio de su Iglesia, continúe enseñando las verdades eternas de las exigencias del amor, ¡y esto sin duda resulta contrario a la cultura mundana! Sin embargo, a largo plazo, la historia considerará que la Iglesia no habló con suficiente vigor y frecuencia a las masas populares.

¿Por qué la Iglesia exige que rindamos culto todos los domingos en Misa?

Este precepto de la Iglesia se deriva directamente del Tercer Mandamiento: Santificarás las fiestas. Como Cristo resucitó de entre los muertos el primer día de la semana, la Iglesia de la Nueva Alianza ha observado el domingo en lugar del sábado como el día de rendir culto.

Es necesario tener presente que los Mandamientos nos han sido dados para nuestro beneficio y esto se aplica asimismo al Tercer Mandamiento. Como nos enseña Jesucristo, "El sábado ha sido instituido para el hombre y no el hombre para el sábado" (Mc 2, 27). En otras palabras, tenemos una necesidad interior de rendir culto a Dios en espíritu y verdad, y necesitamos un día de descanso. Tenemos que rendir ese culto cada semana como Él nos ha enseñado, mediante el santo sacrificio de la Misa. El no hacerlo significa que nos decimos a nosotros mismos y a Dios que hay otras cosas que son más importantes. ¿Cómo explicaremos esto a Dios en el día del juicio final?

Santificar el domingo, significa más que sólo asistir a Misa. También debe ser un día dedicado a la familia y un día de descanso, no un día más de trabajo. El domingo no debe ser un día de compras, excepto si es necesario hacer una pequeña compra de alimentos, que se puede hacer preferiblemente en una pequeña tienda familiar. Esto se reconocía comúnmente en los Estados Unidos hasta hace poco tiempo mediante las llamadas "leyes azules", inspiradas en el cristianismo, que prohibían el comercio regular los domingos. No obstante, los cristianos todavía pueden ser testigos del descanso dominical no haciendo compras ese día. (Cuando "A" compra, "B" tiene que trabajar.) Las leyes del Señor son para beneficio nuestro.

¿Basta con creer en Jesucristo e ignorar todo lo demás?

Expresémoslo de la siguiente manera: ¿Basta colgar la licencia de matrimonio en la pared como prueba de amor e ignorar al cónyuge?

No podemos dejar de recalcar la importancia que tiene la fiesta de Cristo Rey el último día del año litúrgico, justo antes del primer domingo de Adviento. Esa fiesta nos recuerda que Jesús quiere ser el Rey y centro de nuestras vidas personales. Éste es un constante reto para casi todos, porque nuestra tendencia es a centrar la atención en nosotros mismos. Si queremos estar con el Señor y alabarlo como Rey por toda la eternidad, tenemos que empezar ahora. La oración diaria, la misa dominical, guardar los mandamientos y servir a los demás son maneras de poner esto en práctica.

¿Cómo puede un católico adulto instruirse más en su fe?

Se dispone de un buen número de libros, de audiocintas y videocintas para este propósito. Para empezar, el Catecismo de la Iglesia Católica debe tener un puesto importante en todo hogar católico. También recomiendo un catecismo para adultos escrito por el Padre John Hardon, S.J., destacado escritor religioso[4], y otro de sus libros, *The Catholic Lifetime Reading Plan*, como guía para el crecimiento espiritual durante toda la vida[5].

Realmente, hoy día se dispone de un gran caudal de información. Muchos probados tesoros se están reimprimiendo y con una selección prudente de material antiguo y nuevo, todo católico puede mantenerse bien informado. Estar bien informado es muy importante para poder hacer que las verdades de la fe tengan impacto sobre los problemas muy reales que afectan o afligen nuestra sociedad hoy día.

Temas para estudiar juntos

1. ¿Qué hemos aprendido en este capítulo que no sabíamos o que habíamos olvidado?

2. ¿Rendimos culto a Dios todos los domingos asistiendo a Misa? Si no lo hacemos, ¿por qué no?, y ¿cómo se lo explicaría al Señor si yo muriera esta noche?

Referencias

1. Clemente de Roma, *Carta primera a los Corintios*, cerca de 80 A.D. en Textos cristianos primitivos: Documento - Martirios, edición preparada por Teodoro H. Martin. William A. Jurgens, *The Faith of the Early Fathers, vol. I* (Collegeville, MN: Ligurgical Press, 1970), pág. 12. Jurgens opina que la evidencia más fidedigna fecha esta carta en el año 80 A.D. y no entre el 92 y el 101 en opinión de otros. No importa cuál sea la fecha, el punto está claro: Clemente, el sucesor de Pedro en Roma, escribía como la autoridad suprema de la Iglesia, aún mientras el apóstol Juan vivía.

2. San Ireneo de Lyon, *Adversus haereses* (1, 10, 2) c. 190.

3. San Ireneo de Lyon (3, 3, 2), ibíd.

4. John A. Hardon, S.J., *The Catholic Catechism: A Contemporary Catechism of the Teachings of the Catholic Church* (Garden City, Nueva York: Doubleday and Co., 1975).

5. John A. Hardon, S.J., *The Catholic Lifetime Reading Plan* (Nueva York: Doubleday, 1989).

3. ¿Qué se requiere para casarse?

Tienen planes de casarse porque se aman. Sin lugar a dudas han conversado mucho sobre sus planes de matrimonio; pero ¿han hablado suficientemente sobre el plan de Dios para su matrimonio? Saben que a la mayoría de los cristianos Dios los llama a trabajar para su salvación asumiendo las responsabilidades y cumpliendo las exigencias del amor conyugal; pero ¿hasta qué punto han examinado ustedes cuáles son éstas? Cada uno sabe que tiene una relación especial con el amado, pero ¿cuánto han pensado en el carácter y la permanencia dados por Dios a esa relación? Es Dios Todopoderoso el que creó la relación del matrimonio y en este capítulo examinaremos el plan de Dios para que ese amor entre ustedes aumente a través del matrimonio.

Este capítulo se titula ¿Qué se requiere para casarse? En otras palabras, ¿cuáles son las condiciones que cada uno de ustedes tiene que cumplir antes de poder contraer matrimonio válido? Es posible que tengan que participar en una serie de reuniones y clases que la diócesis y la parroquia exigen, pero de eso no trata este capítulo. Más bien, lo que nos ocupa aquí podría expresarse mejor así: ¿Qué condiciones y compromisos son necesarios para poder contraer matrimonio válido?

¿Qué sucede cuando se casan?

Cuando una pareja se casa, entra en una relación personal establecida por Dios. Cuando hacen los votos matrimoniales, establecen tanto el contrato como la alianza matrimonial. Una alianza supone mucho más que un contrato. Si ambos son cristianos, reciben el Sacramento del Matrimonio. Cuando uno se casa, se entrega a su cónyuge y se obtiene el derecho moral a la relación sexual y asimismo se asume la responsabilidad de usar las relaciones sexuales de acuerdo con el plan del Creador.

Estas frases encierran mucho significado. Por ello, examinémoslas en detalle.

¿Por qué llamamos al matrimonio una relación personal?

Antes que nada, el matrimonio es una relación mutua entre dos personas humanas. Esto parece muy obvio, pero insisto en la palabra "personas" para distinguir la relación conyugal de la relación emocional. Puede existir una relación emocional con un perro o un gato. Esos animales tienen emociones, y de hecho a más de un padre de familia, al regresar a casa, lo ha recibido el perro con más emoción que la esposa o los hijos. En realidad, a veces hay una verdadera unión emocional entre el dueño y su mascota. Pero solamente una persona humana es capaz de contraer el compromiso de unión matrimonial. Además, como nos enseña la ceremonia matrimonial mediante las palabras "me entrego" o "te recibo", los esposos se poseen mutuamente; sin embargo, nunca se puede ser dueño del cónyuge como se es de una mascota o una cosa, de la que se puede disponer al antojo.

Esto nos señala algo relacionado con la unión emocional en el matrimonio. Sin duda que ésta es muy intensa al principio, pero en el transcurso de la vida conyugal pueden contar con que variará desde ser muy intensa hasta muy débil. Es más, en cualquier momento de desilusión matrimonial, la atracción emocional hacia el cónyuge puede ser negativa, pero el vínculo matrimonial perdura.

La relación personal en el matrimonio va mucho más allá de las emociones. Se basa en las características espirituales que nos hacen personas: el intelecto y la voluntad. Esto significa que para poder establecer la relación personal del matrimonio es necesario conocer las exigencias básicas del matrimonio y compromiso mediante un acto de la voluntad para entrar en el y vivirlo.

El matrimonio es una relación personal mutua. Ambos, marido y mujer, tienen que saber lo que están haciendo y ambos tienen que vincularse en matrimonio.

"Una relación personal establecida por Dios", ¿qué significa?

El énfasis aquí está en la función que tiene Dios en el matrimonio.

Es probable que hayan oído antes lo siguiente, pero vale repetirlo: hemos sido creados para conocer, amar y servir a Dios en esta vida y luego gozar con Él en el cielo por toda la eternidad.

A los cónyuges Dios lo creó para el mismo fin.

Dios creó la relación conyugal. Nos ha grabado las verdades básicas sobre el matrimonio en nuestra naturaleza humana; es más, conociendo la oscuridad de nuestro intelecto y la debilidad de nuestra voluntad después de la caída de Adán y Eva, Dios nos ha revelado las verdades del matrimonio por medio de Jesucristo y de sus apóstoles.

El plan de Dios sobre el matrimonio no es arbitrario, es decir, no es una carrera de obstáculos colocados aquí y allá al azar. El plan de Dios para el matrimonio se deriva de nuestra propia naturaleza, la que Él mismo nos ha dado. Su plan es para nuestro bien.

"Personal" no significa individualista. Moralmente, no podemos crear nuestras propias ideas sobre el matrimonio, ni vivir conforme a ellas, si las mismas contradicen el plan de Dios sobre el matrimonio. Hacer esto es contradecir lo que significa vivir como criatura creada a imagen y semejanza de Dios así como oponerse a la propia naturaleza de la vocación cristiana.

Como cristianos, están llamados a reconocer que Jesús es Señor, Rey y Centro del universo. También tienen que reconocer Su dominio sobre cada uno de ustedes y sobre su matrimonio.

¿Cuán importante son la ternura y la afectividad en el matrimonio?

Muy importantes. Juan Pablo II nos dice que la "ternura y afectividad . . . constituyen el alma profunda de la sexualidad humana, incluso en su dimensión física".[1]

Esto parece tan obvio que no causa ninguna impresión a primera vista. Pongámoslo pues en el contexto de los años sesenta hasta los ochenta, cuando la frecuencia del orgasmo era el criterio utilizado por la cultura popular para medir la "felicidad" conyugal. Pongámoslo también dentro del contexto de lo que el Papa escribía. Refiriéndose a la inmensa diferencia que existe entre la contracepción y la planificación natural de la familia, dijo lo siguiente:

La elección de los ritmos naturales comporta la aceptación del tiempo de la persona, es decir de la mujer, y con esto la aceptación también del diálogo, del respeto recíproco, de la responsabilidad común, del dominio de sí mismo. Aceptar el tiempo y el diálogo significa reconocer el carácter espiritual y a la vez corporal de la comunión conyugal, como también vivir el amor personal en su exigencia de fidelidad. En este contexto la pareja experimenta que la comunión conyugal es enriquecida por aquellos valores de ternura y afectividad, que constituyen el alma profunda de la sexualidad humana, incluso en su dimensión física[2].

Dicho de otro modo, el afecto conyugal es de tal importancia que si éste no existiera, ni siquiera al principio de la vida matrimonial, esa ausencia pondría en dudas si la pareja realmente pudo contraer compromiso de matrimonio. Es menester recordar que la piedra angular de la alianza matrimonial es el amor. Este amor se caracteriza por ser sacrificado y centrado en la otra persona. En un matrimonio cristiano, los cónyuges tienen que estar dispuestos a prestarse ayuda y servicio recíprocamente, basados en el amor.

¿Qué significa cuando decimos que el matrimonio es un contrato?

Lo que se destaca aquí son los elementos mínimos que se requieren para que los cónyuges contraigan un matrimonio verdadero. Estos requisitos son de dos tipos: objetivos y subjetivos.

¿Cuáles son los "requisitos mínimos" objetivos referentes al matrimonio?

La pareja tiene que comprender tres cosas sobre el matrimonio:

1. El matrimonio es permanente; "hasta que la muerte nos separe".

2. El matrimonio exige la fidelidad, aunque la infidelidad no rompe el yugo.

3. El matrimonio es para la familia.

¿Cuáles son los requisitos mínimos subjetivos para el matrimonio?

Hay cuatro elementos básicos que ambos tienen que poseer y poner en práctica para poder contraer matrimonio:

1. Estar libres para casarse. Es decir, tener la edad mínima necesaria, no estar casados con ninguna otra persona, ser del sexo opuesto y no ser parientes cercanos (no se permite el matrimonio entre parientes cercanos).

2. Poseer suficiente libertad para casarse, es decir, estar libres de presión externa excesiva. Esto quiere decir esencialmente que no los están obligando a casarse o que no están bajo tal grado de presión que no tienen libertad para decidir positiva o negativamente sobre el matrimonio propuesto.

3. Poseer lo que el Código Canónico llama "capacidad". Es decir, ser capaz de comprender y poder cumplir las responsabilidades del matrimonio. Podríamos llamarle la libertad interna para contraer matrimonio. Por ejemplo, una persona psicótica o con algún otro tipo de desorden psíquico no tendría la capacidad psicológica de "contraer matrimonio", es decir, de comprender y poner en práctica el compromiso matrimonial. Esto significa que, cada una de las partes individualmente tiene que "entender todo muy claramente" antes de poder "contraer matrimonio".

4. Consentir en lo que el matrimonio es verdaderamente. Por eso es tan importante entender y creer lo que la Iglesia enseña sobre el matrimonio. ¿No les parece obvio? Para contraer matrimonio cristiano es necesario entender de qué se trata y consentir en ello.

¿Entonces, alguien que no sea 100% normal no puede casarse?

¿Qué ser humano es 100% normal? En sentido estricto, sólo María, la madre de Jesús, concebida sin Pecado Original y libre de pecado durante toda su vida. Todos los demás tenemos faltas, debilidades y pecados que nos hacen mucho menos que perfectos. Estas características tan típicas de hombres y mujeres no cambian nuestra habilidad para "contraer matrimonio"; posiblemente el 99% de los que andamos por la calles y somos capaces de ganarnos el sustento somos también muy capaces de comprender qué es realmente el matrimonio y de dar nuestro consentimiento.

¿Qué pasa si sólo uno de los dos está de acuerdo con los requisitos mínimos?

Ambos tienen que comprometerse en casarse de acuerdo con los designios de Dios: unión permanente, fiel y para la familia. Si sólo uno de los dos se compromete, entonces no existe un matrimonio válido. Por eso es muy importante que los dos ventilen estos asuntos cuanto antes durante el noviazgo y sean honestos cuando hablen con el sacerdote, diácono u otro ministro que los esté preparando para contraer matrimonio.

¿Se puede forzar a una persona a casarse?

No. Los dos tienen que contraer matrimonio libremente. No es posible casarse con alguien que se niegue rotundamente. "Contraer matrimonio libremente" significa que la antigua caricatura de la boda a punta de pistola — de "casarse" porque la alternativa era morir en manos de los parientes vengativos de una muchacha embarazada — no era verdadero matrimonio.

Si la novia está embarazada ahora, ¿debemos decírselo al sacerdote?

Sí. Sin lugar a dudas, sí. Él querrá saber hasta qué punto el embarazo es la razón por la cual quieren casarse. Sean honestos. Él los desea felices y no quiere que uno de ustedes venga el día de mañana a decirle que se encontraba tanta presión por el embarazo que realmente le faltó libertad para decidir no casarse. Si alguno de los dos se siente así ahora, ventílenlo. No conviertan un error en una tragedia. Tienen que poder decir con toda honestidad a si mismos, al futuro cónyuge, al sacerdote y a Dios que se casarían aunque no hubiera un embarazo de por medio.

¿Qué pasa si uno siente una atracción tan intensa hacia el otro, que se siente "casi forzado" a casarme?

Casarse libremente no significa que haya que ser de manera alguna indiferente. Es normal que las emociones y el intelecto convenzan decididamente a la persona de que quiere contraer matrimonio. ¿Cuántos se casarían sin tal atracción?

¿Podemos hacer una apuesta compensatoria y casarnos para las alegría pero no para las penas?

No. Eso estaría en contra de la permanencia del matrimonio. El matrimonio es una relación creada por Dios. Así nos lo enseña el Concilio Vaticano II:

> La íntima comunidad de la vida y del amor conyugal, creada por Dios y regida por sus leyes, se establece sobre la alianza de los cónyuges, es decir, sobre su consentimiento personal irrevocable[3].

El Concilio — una asamblea de todos los obispos de la Iglesia Católica — se reunió de 1962 a 1965 para sostener y exponer lo que significa ser cristiano hoy. Obviamente, lo que los obispos nos dicen es que intentar casarse para las alegrías pero no para las penas sería un ejemplo de individualismo anticristiano; sería negarse a reconocer el dominio de Dios sobre cada matrimonio particular.

¿Qué pasa si una pareja decide antes de casarse que darán por terminado su matrimonio si éste "simplemente no funciona"?

Si una pareja llega a semejante acuerdo, su unión no sería matrimonio, porque el matrimonio se establece, no por medio de una ceremonia (aunque de ordinario sea necesaria), sino por "consentimiento personal irrevocable". Tal acuerdo sería una burla de la permanencia del matrimonio.

En otras palabras, ustedes "se vincularán en matrimonio" mediante un acto de la voluntad de cada uno, consumando ese acto de la voluntad mediante el acto de unión conyugal que simboliza la total unión de los dos en el Señor.

Llegar a un acuerdo de vivir juntos sin que exista un verdadero vínculo matrimonial es fornicar, aunque ese acuerdo haya estado precedido de una ceremonia, lo que por supuesto sería fraudulento por parte de los novios.

¿Qué se entiende por alianza matrimonial?

Significa que el compromiso del matrimonio es un compromiso de familia: permanente e ilimitado. Comparemos una alianza con un contrato. En un contrato se expresan en detalle todas las obligaciones de las partes. Lo que no esté incluido en el mismo no puede establecer una obligación contractual. Es más, en un contrato se detalla su duración y cómo disolverlo, mientras que la alianza matrimonial no se puede disolver ni siquiera por acuerdo mutuo.

El carácter permanente de la alianza matrimonial se expresa en el texto de los votos o promesas tradicionales del matrimonio: "en las alegrías y en las penas, en la salud y en la enfermedad . . . hasta que la muerte nos separe". No se establece un contrato sino una familia.

¿Qué significado tiene que el matrimonio sea un sacramento?

Nuestro Señor Jesucristo elevó el estado natural del matrimonio al de un sacramento. Como quizá recuerden de lo aprendido en el catecismo, un sacramento es un signo visible instituido por Cristo para darnos gracia santificante. Dicho de otro modo: los Siete Sacramentos son actos de Cristo mediante los cuales Él realiza a nivel sobrenatural lo que los símbolos muestran a nivel natural.

Por ejemplo, el símbolo visible del Sacramento del Bautismo es el agua y las palabras que se pronuncian al echarla. El sacramento hace uso del símbolo natural agua que limpia y sustenta la vida. Por la fe sabemos que en el Bautismo Jesús limpia el alma de todo pecado y le confiere la vida sobrenatural, la gracia santificante. Esta es una participación creada en la vida de Dios mismo; es la vida dada por la gracia santificante que nos permitirá vivir en la presencia de Dios en el cielo.

En el Sacramento del Matrimonio el símbolo o acto visible son las palabras pronunciadas en el intercambio de votos. Por la fe sabemos que este acto crea mucho más que la unión natural del matrimonio, por muy buena que sea. Por la fe sabemos que Jesús une a los esposos cristianos en una relación sobrenatural indisoluble. De hecho, San Pablo, en su carta a los Efesios, concluye sus enseñanzas sobre el matrimonio con la siguiente frase: "Gran misterio es éste, lo digo respecto a Cristo y la Iglesia" (Ef 5, 32). (El texto completo aparece en la página inicial del capítulo 6 de este libro.)

¿Cuáles son las consecuencias prácticas y espirituales del Matrimonio como Sacramento de Cristo?

Antes que nada, la razón por la cual un verdadero matrimonio cristiano es totalmente indisoluble es porque simboliza la unión de Cristo y su Iglesia; y esa es una unión que Dios ha establecido de forma irrevocable, sin tener en cuenta cuán pecadores puedan ser algunos de sus miembros. Tomen nota de nuevo de la frase de la carta de San Pablo a los Efesios referida en el párrafo anterior.

En segundo lugar, si viven en estado de gracia santificante, el Sacramento del Matrimonio aumenta el don de Dios de su vida en ustedes. Asimismo, los actos matrimoniales movidos por inspiración del Espíritu Santo pueden aumentar aún más la gracia en la vida de ustedes dos. Es decir que los actos honestos de amor conyugal así como los sacrificios del uno para con el otro pueden ayudarlos a crecer tanto espiritual como emocionalmente.

En tercer lugar, el Sacramento del Matrimonio es abundante en esas inspiraciones del Espíritu Santo que llamamos gracia actual. Esta gracia es la que les "permitirá" poner en práctica la voluntad de Dios en el matrimonio, ser pacientes, serviciales y considerados, e ir mejorando su vida matrimonial. Es la obra de la gracia actual lo que pone los deseos e instintos sexuales, algunas veces rebeldes, bajo el control de la persona, o más bien, bajo el control del Espíritu Santo y al servicio del verdadero amor conyugal.

En resumen, cuando resuelven vivir el Sacramento del Matrimonio de la manera en que Dios nos propuso que lo viviéramos, Él les dará ayuda en abundancia para que puedan lograrlo.

El reverso es lo siguiente: Si resuelven no vivir el matrimonio de acuerdo al plan de Dios, entonces el pecado los separará de la gracia santificante. Dios seguirá concediendo su gracia actual, llamándolos de vuelta, pero mientras más lo rechacen, más insensibles se harán y más trabajo les costará regresar a la vida de gracia, sin la cual nadie puede vivir en el cielo.

¿Por qué creó Dios la relación conyugal?

El Concilio Vaticano II enseña claramente que Dios creó el matrimonio para criar una familia y para la perfección de los esposos. "La institución matrimonial y el amor conyugal están ordenados, por su índole y naturaleza propia, a la procreación y educación de la prole, que constituyen su cumbre y corona"[4].

Los esposos están llamados a ofrecerse "recíprocamente ayuda y servicio, experimentando así y logrando plenamente cada día el sentido de su unidad"[5].

Esta unión íntima entre los esposos va más allá de la mera unión física. Verdaderamente, encontrarán que tienen que trabajar para mantener el amor conyugal, pues el mismo requiere mucho altruismo.

> Tal amor, que junta al mismo tiempo lo divino y lo humano,
> conduce a los esposos a un libre y mutuo don de sí mismos,
> demostrado en la ternura de obras y afectos, y penetra toda
> su vida[6].

Digamos, en términos muy simples, que Dios quiere que el marido y la mujer aumenten en santidad. Ese es el fin por el que los creó y ese es el fin último por el cual los une en Santo Matrimonio.

Así que, ¿cuán importantes son los niños en el matrimonio cristiano?

En este momento en que se preparan para el matrimonio, es muy posible que no se den cuenta de lo importante que es para el marido y la mujer criar una familia. El Concilio Vaticano II nos enseña que el matrimonio "no es una institución destinada exclusivamente a la procreación", pero que "el matrimonio y el amor conyugal, por su propia índole, se ordenan a la procreación y educación de la prole. Los hijos son ciertamente el regalo más hermoso del matrimonio y contribuyen muchísimo al bien de los propios padres"[7].

Debido a que la decisión de tener hijos y de educarlos en los senderos del Señor está implícita en la decisión de contraer matrimonio, una decisión tomada antes de casarse de jamás tener hijos, normalmente haría completamente nulo e inválido el matrimonio, es decir, no habría matrimonio. Sólo una razón extremadamente seria como un riesgo de vida o muerte a la salud de la madre podría justificar evitar por completo la responsabilidad de tener hijos y criarlos, y por supuesto, tal razón justificaría sólo el uso de la planificación natural de la familia y nunca las formas no naturales de control de la natalidad.

¿Qué pasa si biológicamente no somos capaces de tener hijos?

Primero, aparte de la impotencia perpetua desde el comienzo del matrimonio (que no permite al hombre consumar el matrimonio), un defecto natural que le imposibilite la concepción, no afecta la naturaleza de la unión conyugal: siguen casados. Los Padres del Concilio Vaticano II tenían muy claro este concepto: "Por eso, aunque falte la prole, frecuentemente tan deseada, no por eso el matrimonio deja de existir como institución y comunión de vida, y conserva su valor y su indisolubilidad"[8]. Mencionamos esto ya que en algunas culturas los maridos han abandonado a sus mujeres por la falta de hijos y esto es verdaderamente perverso.

En segundo lugar, hay verdaderas limitaciones morales sobre lo que se puede hacer para engendrar hijos. El fin no justifica los medios y los procedimientos que requieren la masturbación, la concepción en probeta, los microabortos y la despersonalización del acto conyugal son moralmente perversos. Se nos llama a todos a respetar el orden de la creación de Dios y su dominio sobre nuestras vidas[9,10].

¿Cómo pueden los hijos "contribuir muchísimo al bienestar de los propios padres"?

Lo que nos enseña la Sagrada Escritura sigue siendo cierto: "Con todo, se salvaría por su maternidad mientras persevere con modestia en la fe, en la caridad y en la santidad" (1Tm 2, 15). Además, la crianza de los hijos ayuda a los padres a crecer en el amor, lo que San Pablo describe tan poéticamente. "El amor es paciente, es servicial . . . no es envidioso . . . no se engríe . . . no se irrita . . . no toma en cuenta el mal . . . Todo lo espera. Todo lo soporta" (1Co 13, 4).

Veámoslo de la siguiente manera. Las dos primeras características que San Pablo nos señala sobre el amor son paciencia y servicio. ¿Les parece que pueda haber una forma mejor que la generosidad de criar los hijos para que los esposos desarrollen las virtudes de la paciencia y el servicio? Eso es parte del plan de Dios para ayudarlos a crecer en santidad.

También descubrirán que mientras ambos desarrollan su función en la crianza de los hijos, aumentará la admiración y apreciación mutua y por tanto, el amor. En lenguaje muy simple, es sabido que el esfuerzo de un marido por ayudar con los hijos y los quehaceres de la casa es el mejor gesto que puede tener con su mujer para darle aliento ese día o esa semana.

Por último, un escritor contemporáneo con muchos años de experiencia comparte sus conocimientos adquiridos en su trabajo con familias y nos enseña que los hijos robustecen la bondad del vínculo matrimonial, para que no se derrumbe cuando surjan tensiones a causa de la inevitable disminución o desaparición del amor romántico natural[11].

Esto significa que criar una familia es parte de la misión de los esposos. Dios no nos dice que el matrimonio debe ser una luna de miel sin fin, sólo ustedes dos contemplándose y disfrutándose mutuamente. No tener hijos deliberadamente por un largo período de tiempo puede causar mucha tensión en un matrimonio. Por favor presten mucha atención a las palabras de un sacerdote con mucha experiencia en tratar con familias y en la Rota Romana, la Corte de más alto nivel en la Iglesia Católica que tiene la última palabra en relación con los matrimonios que se han roto.

> En mi trabajo en la Rota Romana, me encuentro con bastante frecuencia solicitudes de anulación de lo que son matrimonios perfectamente genuinos de parejas que se casaron por amor, pero cuyos matrimonios se rompieron fundamentalmente a causa de la demora deliberada en tener hijos y por lo tanto privaron al amor conyugal de su apoyo natural.
>
> Si dos personas se mantienen mirándose a los ojos en estado de éxtasis, irán descubriendo poco a poco defectos que comienzan a resultar intolerables. Si aprenden gradualmente a mirar juntos hacia afuera a sus hijos, todavía

podrán descubrirse sus defectos, pero tendrán menos tiempo
o razones para considerarlos intolerables. Sin embargo, no
pueden poner la vista juntos en lo que no está presente.

El amor conyugal, por ende, necesita el apoyo que
ofrecen los hijos[12].

En resumen, uno se casa para ser amigos en sentido profundo, para
apoyarse mutuamente en el camino hacia el cielo y criar y educar a los hijos
para el Señor. Por su parte, los hijos ayudan a los padres a acercarse más el
uno al otro y a Dios. El amor conyugal es para la familia y la vida familiar
con sus penas y alegrías es la forma ordinaria de trabajar para alcanzar la
salvación.

Temas para estudiar juntos:

1. ¿Cuál es la diferencia entre la alianza matrimonial y un contrato?

2. Ya que el matrimonio es para la familia, ¿puede una pareja, en circunstancias normales, casarse con la intención de no tener hijos nunca?

3. ¿Qué nos enseña el Concilio Vaticano II cuando nos dice que "Los hijos son ciertamente el regalo más hermoso del matrimonio, y contribuyen muchísimo al bien de los propios padres"?

Referencias

1. Juan Pablo II, *Familiaris Consortio (Exhortación apostólica sobre la misión de la familia en el mundo actual)*, 22 de noviembre de 1981, no. 32.6 (Bogotá, Colombia: Ediciones Paulinas).

2. Juan Pablo II, ibid.

3. *Documentos completos del Vaticano II*, sexta edición (Bilbao, España: Editorial Mensajero, "Constitución pastoral sobre la Iglesia en el mundo actual", no. 48. En adelante citado como "La Iglesia en el mundo actual".

4. *La Iglesia en el mundo actual*, no. 48.

5. *La Iglesia en el mundo actual*, no. 48.

6. *La Iglesia en el mundo actual*, no. 49.

7. *La Iglesia en el mundo actual*, no. 50.

8. *La Iglesia en el mundo actual*, no. 50.

9. Congregación para la Doctrina de la Fe, *Domun Vitae, (Instrucción sobre el Respeto de la Vida Humana Naciente y la Dignidad de la Procreación)* 22 de febrero de 1975.

10. Declaración de la Sagrada Congregación para la Doctrina de la Fe, *"Declaración acerca de ciertas cuestiones de ética sexual"*.

11. Cormac Burke, *Covenanted Happiness: Love and Commitment in Mariage* (San Francisco: Ignatius Press, 1990), pág. 47.

12. Cormac Burke, págs. 46–47.

4. "Hasta que la muerte nos separe"

El capítulo anterior trataba de lo que tiene que suceder dentro de cada uno para poder casarse. Este capítulo se ocupa en lo que les sucede una vez casados. Es decir, ¿qué ocurre en lo más profundo del ser de cada uno cuando se casan?

Dios ha querido que el matrimonio sea la vía en que los esposos crezcan en amor y donde se guíen el uno al otro y a sus hijos por el camino hacia el cielo. Sin embargo, en Estados Unidos de América hoy día hay un divorcio por cada dos matrimonios. Nadie en sus cabales puede sentirse satisfecho ante esta tasa tan alta de divorcio. Cada divorcio tiene su propio historial de infelicidad y a veces de tragedia, tanto para los padres como para los hijos. Hasta los no creyentes saben que algo anda mal en una cultura que tiene una tasa tan alta de infelicidad matrimonial y de divorcio.

El sacerdote y demás personas que les están ayudando a prepararse para contraer matrimonio saben que en algún momento futuro van a tener dificultades que pondrán a prueba el compromiso de permanecer unidos hasta que la muerte los separe. No quieren que ustedes pasen a formar parte de las estadísticas. De hecho, los aprecian y quieren que ustedes crezcan en amor cristiano y felicidad. Una de las principales razones por las que se les pide que se preparen bien para el matrimonio es para que puedan disfrutar de la verdadera felicidad que se hace posible en un matrimonio cristiano.

No es necesario ser genio para observar que muchos, muchísimos divorcios surgen simplemente por la falta de compromiso por parte de los esposos para guardar las promesas matrimoniales una vez que surgen las dificultades. Y uno puede darse cuenta fácilmente de que si creen que hay libertad moral para casarse nuevamente una vez divorciados, entonces es mucho más fácil debilitar el compromiso. Por lo tanto, desde un punto de vista meramente práctico, es necesario entender el carácter irrevocable del matrimonio.

Por último, pero más importante, como cristianos querrán conocer lo que Jesús nos enseña sobre el matrimonio y observar sus doctrinas[1].

Una advertencia: si los padres u otros parientes cercanos o amigos están divorciados, pueden encontrar obstáculos psicológicos para aceptar las enseñanzas de Cristo sobre el divorcio y volver a casarse. Si es este el caso, será necesario que oren y que enfoquen con más tesón quién es Jesús: verdadero Dios y verdadero hombre, el Salvador del mundo, el Camino, la Verdad y la

Vida. Oren por esos parientes y amigos, pero resistan la tentación de suavizar las enseñanzas de Jesús para adaptarlas al comportamiento que observan a su alrededor.

¿Qué nos enseña Jesús sobre la indisolubilidad del matrimonio?

Esta doctrina se encuentra en cuatro pasajes de los Evangelios y en una de las cartas de San Pablo[2].

> Todo el que repudia a su mujer y se casa con otra, comete adulterio; y el que se casa con una repudiada por su marido, comete adulterio (Lc 16, 18).

En tiempos de Jesús, ¿se permitía a los judíos divorciarse y volverse a casar?

En tiempos de Jesús era aceptable para los judíos divorciarse y volverse a casar. Sin embargo, había diferencias de opinión. La escuela de pensamiento más conservadora — los seguidores del rabino Shammai — creían que solamente una razón muy poderosa podía justificar el divorcio; en la práctica eso significaba adulterio o un comportamiento que se consideraba seriamente inmoral. La escuela más liberal — los seguidores del rabino Hillel — sostenía que un hombre se podía divorciar de su mujer por cualquier motivo, hasta por banalidades. Según algunos, en la práctica prevalecía el pensamiento liberal[3].

¿Qué nos dice Jesús sobre la práctica del divorcio entre los judíos de su tiempo?

Esto es lo que nos relata el Evangelio de San Mateo:

> Y se le acercaron unos fariseos que, para ponerle a prueba le dijeron: "¿Puede uno repudiar a su mujer por un motivo cualquiera?" Él respondió: "¿No habéis leído que el Creador, desde el comienzo, los hizo varón y hembra, y que dijo: 'Por eso dejará el hombre a su padre y a su madre y se unirá a su mujer, y los dos se harán una sola carne'? De manera que ya no son dos sino una sola carne. Pues bien, lo que Dios unió no lo separe el hombre."
>
> Dícenle: "Pues, ¿por qué Moisés prescribió dar acta de divorcio y repudiarla?" Díceles: "Moisés, teniendo en cuenta la dureza de vuestro corazón, os permitió repudiar a vuestras mujeres; pero al principio no fue así. Ahora bien, os digo que quien repudie a su mujer — no por fornicación

[en griego, *porneia*, indecencia] — y se case con otra, comete adulterio."

Dícenle sus discípulos: "Si tal es la condición del hombre con respecto a su mujer, no trae cuenta casarse" (Mt 19, 3–10).

Mateo nos dice que ésta no fue un simple pregunta, sino una prueba. La pregunta iba cargada: ¿Puede un hombre divorciarse de su mujer "por **cualquier** motivo", como enseñaban los seguidores de Hillel? Si Jesús les contestaba que sí, podría ser acusado de ser laxo; si contestaba que no, lo podrían acusar de austeridad; al menos lo acusarían de tomar partido con una de las escuelas de pensamiento.

La contestación de Jesús los tomó por sorpresa; les dijo que todos estaban equivocados: el divorcio era inaceptable tanto por motivos banales como por razones serias.

Jesús les dio las razones más fundamentales: citando lo que los judíos reconocían como la Palabra de Dios, el Génesis, basando su respuesta primero en la propia **naturaleza del hombre y de la mujer** creados a imagen y seme- janza de Dios (Gn 1, 27) y luego en la propia **naturaleza del matrimonio**, los dos se hacen una sola carne.

La respuesta de los abogados judíos fue inmediata; como muchos abogados, buscaban un precedente por el que justificar su posición, así que citaron a Moisés. Preguntaron por qué Moisés ordenó que se diera a la mujer un acta de divorcio para repudiarla. Jesús les contestó muy sencillamente: "Por la dureza de vuestro corazón." Y entonces, de nuevo les enseñó sobre la ley fundamental de Dios y sobre la naturaleza del matrimonio: "pero al principio no fue así".

Realmente, lo que hizo Moisés fue dar cierto reconocimiento a los derechos de la mujer de que no se le tratara como un objeto que se posee, algo que era muy común en el Oriente cercano en esa época. Antes del dictamen de Moisés, un hombre podía repudiar a su mujer y más tarde reclamarla. El acta de divorcio prohibía la reclamación; así la mujer dejaba de ser un juguete del hombre.

¿Y qué de la frase "no por fornicación"? ¿Quiere decir esto que la infidelidad, deserción, etc. son motivos para divorciarse y poder casarse de nuevo?

No. Si Jesús hubiera querido decir que el adulterio y la deserción son motivos de verdadero divorcio con la consecuente libertad para volverse a casar, hubiera tomado partido con la escuela conservadora de Shammai. Pero es necesario reconocer que Jesús no hizo eso. Él se remontó al Génesis, al propio orden de la creación. Observa de nuevo la última frase de la narración de Mateo. Lo que Jesús enseñaba era tan abrumador que causó una reacción inmediata de sus discípulos: si el hombre está tan "atado" a su primera mujer, ¡sería mejor no casarse! Sus discípulos comprendieron claramente que Él no estaba de parte de la escuela de Shammai.

En segundo lugar, establecer el adulterio y la deserción como excepciones contradiría la enseñanza básica de Jesús; socavaría totalmente la intención al remontarse al propio orden de la creación. Si el adulterio fuera motivo de divorcio, todo lo que un hombre tendría que hacer es acostarse con la mujer que quisiera como su nueva esposa, y de esa manera liberarse de su matrimonio anterior. Al contrario, Jesús manifestó claramente que divorciarse y volverse a casar es vivir en adulterio. El Evangelio de San Marcos esclarece este punto:

> Y ya en casa, los discípulos le volvían a preguntar sobre esto. Él les dijo: "Quien repudie a su mujer y se case con otra, comete adulterio contra aquélla; y si ella repudia a su marido y se casa con otro, comete adulterio" (Mc 10, 1–12).

En tercer lugar, lo más probable es que la frase de "no por fornicación" se refiere a las uniones entre parientes cercanos que estaban condenadas por la ley judía como indecentes[4]. Como ya se ha indicado, la palabra griega traducida como "fornicación" es *porneia*, de la que se deriva la palabra "pornografía". Así que la frase podría ser: "no por *porneia*, uniones que se consideran indecentes por tener toda apariencia de ser incestuosas".

De lo que deben estar seguros es de que la frase sobre *porneia* no ofrece ninguna excepción a la regla de que el matrimonio válido es "hasta que la muerte nos separe". Las uniones incestuosas, por ejemplo, entre un hombre y su madrastra (1Co 5, 1) y entre otros parientes cercanos, eran aceptable en algunas sociedades de antaño conocidas por los judíos, pero la ley judía las condenaba por indecentes. El primer Concilio Cristiano de Jerusalén apoyó esa condenación (vea Hechos 15, 29; en el texto original griego, se utiliza la palabra *porneia*, que fue traducida al español como impureza). Por lo tanto, la frase "no por *porneia*" no establecía excepción; advertía a todos, judíos y griegos, que no podían contraer una relación incestuosa y esperar que la Iglesia la reconociera. Esas uniones pecaminosas no constituían matrimonio; podían y debían disolverse.

¿Son las uniones incestuosas las únicas que pueden y deben ser disueltas?

No. Aunque aparentemente Mateo se refería específicamente a las uniones incestuosas en su Evangelio, cualquier matrimonio inválido debe disolverse. Por ejemplo, si un hombre y una mujer viven en adulterio (uno todavía casado con otra persona ante Dios), esa unión es inmoral; puede y debe disolverse, o al menos la pareja debe dejar de vivir juntos como esposos.

¿Qué pasa cuando es imposible que los esposos vivan juntos por motivo de maltrato?

En esas circunstancias, puede haber una separación permanente de "cama y casa". Por motivos de custodia de los hijos e independencia financiera algunas parejas separadas consideran que necesitan obtener el divorcio civil. Sin embargo, esto no disuelve el vínculo espiritual del matrimonio; el divorcio civil no da el derecho a casarse de nuevo con otro. Como enseña San Pablo: "En cuanto a los casados, les ordeno, no yo, sino el Señor: que la mujer no se separe del marido, mas en el caso de separarse, que no vuelva a casarse, o que se reconcilie con su marido, y que el marido no despida a su mujer" (1Co 7, 10–11).

¿Qué significa "indisolubilidad"?

"Indisolubilidad" es el término técnico utilizado para definir el carácter inquebrantable del matrimonio válido. Quiere decir que un verdadero matrimonio cristiano no se puede disolver, que el matrimonio es verdaderamente para toda la vida, "hasta que la muerte nos separe".

Esto parece bastante severo. ¿Cuáles son los beneficios correspondientes a esta permanencia?

En el ambiente cultural de Estados Unidos en que el cincuenta por ciento de los que se casan por primera vez y un porcentaje mucho mayor de los que se casan en segundas nupcias terminan divorciados, la doctrina de Cristo sobre la indisolubilidad del vínculo matrimonial realmente parece muy dura. Es muy posible que en estos momentos piensen como esos discípulos de Jesús que oyeron por primera vez esta doctrina y digan: si uno no pude divorciarse de su mujer y volverse a casar, quizás sea mejor no casarse (véase Mt 19, 10).

Por otro lado, cualquier persona con un poco de sentido común, tiene que darse cuenta de que la política en Estados Unidos de divorcio sin restricciones y matrimonios sucesivos ha causado increíbles tragedias en la vida de innumerables familias, frecuentemente ha producido efectos devastadores en los niños así como en uno de los cónyuges, o en ambos, y ha creado tremendos problemas en la sociedad en general. De modo perverso, el retorno de la cultura de Estados Unidos a las costumbres erróneas sobre el matrimonio de los judíos en la época de Jesús, ha demostrado la verdad que encierra la doctrina de Cristo.

De lo que muchos no se dan cuenta es que la idea del divorcio y volverse a casar fue glorificada por muchos social-liberales de los años veinte en Estados Unidos y Europa. Lo llamaban "matrimonio entre compañeros", y la contracepción tenía un papel importante en esto. Cásate, ten relaciones maritales, pero asegúrate practicar la contraconcepción; y cuando te aburras, divórciate y cásate de nuevo. ¿Les suena conocido? La única diferencia entre entonces y ahora es que en los años veinte se aconsejaba que si el matrimonio tenía hijos voluntaria o accidentalmente, para beneficio de los hijos debía mantenerse unido.

En 1930, el papa Pío XI respondió a esos ataques contra el matrimonio mediante una encíclica (una carta doctrinal) en la que destacó cinco grandes beneficios de la indisolubilidad del matrimonio[5].

1. "Los cónyuges en esta misma estabilidad hallan el **sello cierto de perennidad** que reclaman de consuno, por su misma naturaleza". Dicho de otra manera, al entender que el matrimonio es permanente y al comprometerse en matrimonio libremente, los cónyuges garantizan mutuamente ante Dios la estabilidad perdurable de su matrimonio. Para comprender este gran beneficio, contrastemos este verdadero compromiso matrimonial con el que contrae un "matrimonio compasivo", moderno y secularizado. En ese caso, ninguno de los dos sabe cuándo el otro puede abandonarlo por otra persona. Como dice un autor contemporáneo, en el actual escenario de Estados Unidos, gana el que quiera salirse[6].

2. "Se establece un fuerte **baluarte** para defensa de la castidad fiel **contra los incentivos de la infidelidad** que pueden provenir de causas externas o internas". Lo que esto significa, creo, es que como ambos son conscientes en lo más profundo del corazón que no pueden abandonar al cónyuge, que tendrían que enfrentarlo después de cada infidelidad, y darse cuenta de esto podría ser suficiente para evitar ciertas tentaciones. En la actualidad la infidelidad acarrea otros riesgos: un cónyuge infiel puede fácilmente contraer una enfermedad venérea, inclusive SIDA, por un solo acto de infidelidad y poner en peligro a su cónyuge fiel; otro pensamiento aleccionador.

3. "**Se cierra la entrada al temor celoso** de si el otro cónyuge permanecerá o no fiel en el tiempo de la adversidad o de la vejez, gozando, en lugar

de ese temor, de seguridad tranquila". Casarse es prometerse mutuamente que quieren envejecer juntos.

4. La indisolubilidad es una inmensa bendición para "protección y educación de los hijos, que debe durar muchos años, porque las graves y continuadas cargas de este oficio más fácilmente pueden sobrellevarlas los padres aunando sus fuerzas". Lean cualquier artículo sobre los efectos que tienen las familias deshechas en las aulas y confirmarán la sabiduría de las enseñanzas de Jesús sobre la permanencia del matrimonio.

5. Por último, los **beneficios para la sociedad son reales**. "Nos consta por la experiencia que la inquebrantable firmeza del matrimonio es ubérrima fuente de honrada vida y de integridad moral y guardando este orden están garantizadas la felicidad y el bienestar de la república, **ya que tal será la sociedad cuales son las familias e individuos de que consta**".

En Estados Unidos, podemos añadir que la experiencia demuestra que una de las leyes cuyas consecuencias para el país han sido más nefastas es la de divorcio por cualquier causa, que ha contribuido tanto a la disolución de la familia y a los consiguientes problemas sociales.

En resumen, la indisolubilidad no es una "regla de la Iglesia". Es parte del plan de un Dios que es amor. Se ciñe a nuestra verdadera naturaleza humana, y su bondad debe resultarnos clara:

> Lo bueno de un hogar estable o refugio: saber que este "pertenecerse" — compartido con otros — es para siempre. Las personas quieren eso, están hechas para eso, esperan que demandará sacrificios y presienten que merece sacrificios .
> . . Sólo una cabeza y un corazón raros pueden rechazar la permanencia de la relación conyugal[7].

¿Puede la indisolubilidad afectar tu matrimonio a diario?

Sí, especialmente cuando las cosas se ponen difíciles. Por ejemplo, ¿qué pasa si uno está enfadado con su cónyuge o simplemente se siente deprimido por su comportamiento? ¿Qué palabras usaría? Si saben que van a vivir juntos durante los próximos 40 o 50 años, ¿no tendrían cuidado de lo que dicen? Los insultos y los comentarios tajantes pueden causar gran dolor, aún mucho después de que los dos hayan olvidado de qué se trataba la discusión. No quiero decir que tengan que dejarse pisotear, pero la permanencia del matrimonio es una buena razón para aprender a comunicarse sin injurias y eso lo veremos en el capítulo 7.

Otro ejemplo: muchos hombres están muy orientados a su trabajo y muchos lo pierden, por la razón que sea. Cuando un hombre pierde su trabajo, es posible que lo único positivo que tenga sea confiar en que su mujer no lo abandonará.

Seguramente ustedes pueden pensar en otras situaciones en las que el comprender que el matrimonio es para estar juntos toda la vida, puede tener repercusiones positivas en la vida diaria matrimonial. No hay duda de ello: la revelación de Dios sobre la indisolubilidad del matrimonio realmente cristiano es una verdadera bendición para la humanidad.

¿Qué es una anulación?

El término correcto es "declaración de nulidad" y es un juicio emitido en un proceso eclesial de que un "matrimonio aparente" no constituyó matrimonio del todo. Debido a que la validez de un matrimonio es un asunto sumamente serio, toma más de un año completar la investigación que conduce a una posible declaración de nulidad.

Si el matrimonio es permanente, ¿por qué se hace una declaración de nulidad?

Se concede porque una pareja puede estar aparentemente casada pero sin que exista un "compromiso matrimonial". Se dio un ejemplo en el capítulo anterior: una falta de compromiso al hacer "una apuesta compensatoria" y hay muchos otros. Por ejemplo, una de las partes puede tomarlo seriamente, mientras que la otra desde un principio considera ese matrimonio como un peldaño social que se puede abandonar cuando surge alguien más útil.

¿Entonces las "anulaciones" no son un tipo de divorcio católico con derecho a volverse a casar?

Definitivamente no. Aunque cabe la posibilidad de que se abuse de algunas causas de nulidad, especialmente las psicológicas, permanece el hecho: algunas uniones desde un principio no llenan los requisitos de matrimonio válido. Debe reconocerse esta realidad de que no existe un matrimonio y esas uniones deben terminarse. O, si es posible, deben rectificarse y reconsagrarse.

¿A qué conclusión llegamos?

¿Recuerdan la pregunta formulada al comienzo del capítulo? ¿Qué le sucede a cada uno en lo más profundo de su ser cuando se casa? Ahora podemos contestar la pregunta.

Cuando se casan, los esposos crean una relación que pasa a formar parte de su ser. En el matrimonio los esposos se hacen una sola carne. Como esposos crean una relación de unión que es tan real y aparente como cualquier relación de consanguinidad. Un padre puede tener desavenencias con su hijo, hasta repudiarlo, pero no puede dejar de ser su padre. Lo mismo ocurre entre esposos.

Jesús nos enseña la verdad sobre el amor humano. Nos enseña las exigencias del amor que nace de nuestra propia naturaleza creada "a imagen y semejanza de Dios" y de la propia naturaleza del matrimonio creado por Dios.

Por lo tanto, Jesús enseñó — y sigue enseñando — que el matrimonio cristiano es para toda la vida. Sin excepciones. Es permanente. No tiene salida. Si se presentan situaciones horribles, puede ser necesario que un cónyuge deje al otro por motivo de seguridad propia y de la prole. Pero el vínculo original de la pareja, creado mediante sus votos matrimoniales ante Dios, permanece ante Dios, sin importar cuáles sean las leyes civiles, y ninguna de las partes tiene libertad para volverse a casar. Cualquier intento de "volverse a casar" es lo que Jesús mismo llamó adulterio.

Temas para estudiar juntos

1. Jesús nos enseñó que el matrimonio es perdurable; por lo tanto no tenemos libertad para divorciarnos y volvernos a casar. ¿Estamos listos y dispuestos a comprometernos a contraer matrimonio cristiano?

2. ¿Cuáles son los beneficios de un matrimonio indisoluble?

3. ¿Cómo puede afectar la vida cotidiana del matrimonio el ser conscientes de que el matrimonio es permanente?

Referencias
1. Partes de este capítulo en su versión en inglés están adaptadas de *Until death do us part* (Cincinnati: Foundation for the Family, Inc., 1992).

2. Mt 5, 31–32; Mt 19, 9; Mc 10, 11–12; Lc 16, 18; 1Co 7, 10–11.

3. E. Schillebeeckx, O.P., *Marriage: Human Reality and Saving Mystery* (Nueva York: Sheed and Ward, 1965), pág. 143.

4. John P. Meier, *The Vision of Matthew* (Nueva York: Paulist Press, 1979), págs. 248-57.

5. Papa Pío XI, *Casti connubii* (El matrimonio cristiano), 30 de diciembre de 1930 (Salamanca: Ediciones Sígueme). Todas las citas en esta sección se han tomado del párrafo 36.

6. Maggie Gallagher, *Enemies of Eros: How the sexual revolution is killing family, marriage and sex and what we can do about it* (Chicago: Bonus Books, Inc., 1989), pág. 194. "Lo que nunca realizaron los que abogaban por el divorcio es que una elección excluye a otra. Si todos pueden elegir el divorcio, entonces nadie puede escoger el matrimonio . . . Los hombres y las mujeres dejan de poder controlar los términos del matrimonio. No sabemos que pacto hemos convenido al casarnos y ni importa ya que la cultura y las cortes no harán valer ningún pacto. La regla es: gana el que quiera salirse."

7. Cormac Burke, *Covenanted Happiness: Love and Commitment in Marriage* (San Francisco: Ignatius Press, 1990), pág. 44.

5. Amor conyugal y sexo

Se están preparando para toda una vida de amor conyugal. Espero (y ustedes esperan) que sea también una vida de romance para toda la vida; pero el amor conyugal es más que eso. Por supuesto, envuelve sexualidad. Veamos.

I.

¿Qué es amor conyugal?

Para comprender lo que significa amor conyugal comencemos por examinar la palabra "conyugal" que viene del latín "conjungium" y significa literalmente "con un yugo". ¿Y qué es un yugo? La primera definición en el diccionario lo describe como un instrumento de madera al cual se unen dos animales para que puedan trabajar juntos.

Obviamente, hay muchas diferencias entre esta definición y el matrimonio. Por ejemplo, los animales no escogen libremente esa condición. Sin embargo, dos de las verdades del matrimonio están implícitas en el término amor "conyugal". Primero, el matrimonio sí vincula al hombre y la mujer, como se explicó en el capítulo anterior; esto también esta implícito en otra palabra para matrimonio: connubio. En segundo lugar, no es un vínculo arbitrario, ya que Dios no nos da normas morales a su antojo sólo para hacernos la vida imposible. Por el contrario, este "enyugarse" es para el bien de ambos; es para que los esposos trabajen juntos toda la vida.

¿Es esto compatible con la libertad cristiana?

Sin duda, sí. Nuestro Señor Jesucristo usó la palabra yugo para describir lo que significa ser discípulo suyo:

> Tomad sobre vosotros mi yugo, y aprended de mí, que soy manso y humilde de corazón; y hallaréis descanso para vuestras almas. Porque mi yugo es suave y mi carga ligera (Mt 11, 29–30).

Cristo usó la imagen del yugo para describir cómo nos tenemos que unir a Él para alcanzar la salvación. Es un privilegio poder usar la misma imagen para el vínculo matrimonial mediante el cual los esposos estarán atados con el propósito de trabajar juntos para alcanzar la salvación.

¿Cuáles son los derechos matrimoniales?

El término "derecho matrimonial" generalmente se refiere al derecho a mantener una relación sexual natural. ("Natural" significa que respeta la naturaleza humana, lo que incluye tanto la manera en que Dios ha creado la estructura física del acto conyugal como los derechos y la dignidad de cada uno de los cónyuges.)

Los Corintios conversos preguntaron sobre estas cosas a San Pablo; algunos habían estado envueltos en pecados graves de sexo y querían saber si algún uso del sexo era moralmente permisible. Lo que sigue es la respuesta de San Pablo:

> En cuanto a lo que me habéis escrito, bien le está al hombre abstenerse de mujer. No obstante, por razón de la impureza, tenga cada hombre su mujer y cada mujer su marido. Que el marido dé a su mujer lo que debe y la mujer de igual modo a su marido. No dispone la mujer de su cuerpo, sino el marido. Igualmente, el marido no dispone de su cuerpo, sino la mujer. No os neguéis el uno al otro sino de mutuo acuerdo, por cierto tiempo, para daros a la oración; luego, volved a estar juntos, para que Satanás no os tiente por vuestra incontinencia. Lo que os digo es una concesión, no un mandato (I Co 7, 1–16)

¿Hay otros derechos matrimoniales?

Por supuesto. Sin embargo, enumerar los diversos derechos matrimoniales sin mencionar al mismo tiempo las responsabilidades correspondientes puede dar lugar a confusión y engaño. Por eso, veamos algunos derechos con sus responsabilidades correspondientes.

Asuntos relacionados con el sexo. Antes que nada, son una persona humana, y tienen derecho al respeto de los demás, inclusive de su cónyuge. Cada uno tiene el derecho a ser tratado con respeto por el otro y asimismo la obligación y responsabilidad de tratar al cónyuge con respeto. En algunos matrimonios se han desarrollado grandes problemas cuando uno de los cónyuges ha interpretado que el texto citado de la Sagrada Escritura concede a un cónyuge la propiedad absoluta del otro, sin tener en cuenta la conciencia ni los sentimientos del mismo.

Precisamente, el derecho a relaciones conyugales no significa que un cónyuge tiene el derecho de hacer todo lo imaginable al otro o con él. El principio de respeto exige que la actividad sexual sea no solamente moralmente permisible sino además aceptable a ambos. Tomemos por ejemplo el contacto oral-genital. Aunque esto no está condenado si es parte de la estimulación que precede al acto sexual genital-genital, no se puede forzar a un cónyuge reacio. Y "forzar" no se refiere solamente a fuerza física; hacer pucheros, tirar las puertas, retirar la palabra o comportarse de manera antipática, son todas formas de tratar de forzar al otro a hacer algo que no quiere.

Como ya hemos dicho, una vez casados, ambos tendrán el derecho a relaciones conyugales normales. Durante siglos, las leyes de la Iglesia han sido muy claras: cada cónyuge tiene derecho a los actos que por su propia naturaleza están ordenados hacia la procreación. Lo que significa que cada uno también tiene la obligación correspondiente de aceptar el deseo razonable del cónyuge de tener relaciones maritales honestas. (Es decir, no puede utilizarse el sexo como un arma.) Además, esto significa que ambos tienen la obligación de que todo acto sexual sea un verdadero acto de amor conyugal, es decir, un acto que verdaderamente simbolice el amor desinteresado y solícito que se prometieron cuando se casaron. Trataremos más sobre este tema en el próximo capítulo.

El derecho a relaciones conyugales normales y honestas también significa que nadie tiene derecho a la contracepción. Esto incluye los anticonceptivos de barrera, la "píldora", Norplant y demás anticonceptivos químicos, el DIU, fellatus, cunnilingus, masturbación mutua o individual o sodomía conyugal ya sea anal u oral y el acto sexual esterilizado[1]. La confusión con respecto a lo anterior, así como la falta de acuerdo en cuanto a evitar estas prácticas ha conducido a algunos matrimonios hacia tremendos problemas y hasta el divorcio. No es nada sorprendente que encuentren muy desagradable tener que tratar estos asuntos. Pero para beneficio mutuo, al menos pregúntense el uno al otro si están de acuerdo con todo lo que se trata en este capítulo. Si uno de los dos no lo acepta, entonces sería mejor que consideren y examinen los problemas que tengan, pues los comportamientos anticonceptivos que se han mencionado son materia moral grave; son incompatibles con la vocación cristiana auténtica, aunque los mismos sean práctica muy común en una época en que abunda la inmoralidad sexual. Una persona que conoce la gravedad moral de estos actos y los lleva a cabo deliberadamente comete pecado grave y rompe los lazos con Cristo y con su Iglesia.

Religión. Uno tiene el derecho y el deber de orar a Dios en verdadero culto en la Misa dominical todas las semanas, así como de orar diariamente. Parecerá raro al principio, pero será muy provechoso que los dos recen juntos en alta voz, aunque sólo sea un Ave María al acostarse, por ustedes y por cada uno de sus hijos. Si eso parece demasiado al principio, quizá puedan comenzar con uno o dos minutos de oración silente. Les recomiendo muchísimo que recen un rosario diario juntos, pues esa fue la petición de Nuestra Señora en Fátima. Si se deja secularizar el matrimonio (es decir, que sea sólo de esta vida mundana), se pierde algo muy positivo en esta vida y de lo que uno podrá arrepentirse por toda la eternidad.

La relación personal. Cada cual tiene el derecho de sentirse amado y apreciado por su cónyuge, así como el correspondiente deber de, a su vez, ayudar a que su cónyuge se sienta amado y apreciado. Esto puede parecer superfluo cuando la pareja se está preparando para contraer matrimonio y tienen sentimientos maravillosos el uno para el otro. Sin embargo, uno de los principales problemas en el matrimonio es el no sentirse amado y apreciado por el cónyuge. No hay esposo o esposa que en algún momento no se haya sentido despreciado o que no haya dado motivos para que el otro se sienta despreciado. Es un reto casi universal. Como se indica en el capítulo 3, la negligencia de un cónyuge en cuanto al cumplimiento de sus deberes en este sentido no afecta la naturaleza del lazo conyugal, pero puede ser fuente de tentaciones innecesarias.

Este libro no pretende ser una lista de sugerencias de cómo llevarse bien en el matrimonio, pero es posible, en general recomendar lo siguiente: lo que cuenta son las cosas pequeñas, que pueden resultar ser tan refrescantes como un vaso de agua fresca en un día caluroso o tan irritantes como arena en los zapatos durante una larga caminata.

Los hijos. En el matrimonio, uno tiene el derecho dado por Dios de buscar y tener hijos y criar una familia; asimismo, uno tiene el deber correspondiente de tener hijos y educarlos en el camino del Señor. (Nadie tiene el derecho absoluto a tener hijos, pues los hijos son un don del Señor, no propiedades.) Estos derechos y deberes también incluyen el derecho y la obligación de tratar de determinar cuántos hijos Dios quiere que uno tenga y la correspondiente obligación de ser generosos con el Señor en aceptar los hijos. Trataremos este tema más detalladamente en el capítulo 8.

Los peores enemigos al respecto son la opinión pública difundida de que dos hijos son suficientes y el materialismo omnipresente que conduce a pensar más en términos de un estilo de vida confortable que en la vocación de ser cristianos. Así que es necesario preguntarse: "¿qué pasa si Dios nos manda un tercer o cuarto hijo, si no nos manda ninguno, si nos manda un hijo especial que necesita mayores cuidados?" Sugiero que es necesario rezar para que Dios nos conceda la gracia para responder generosamente a su llamado; verdaderamente se necesita Su ayuda para poder combatir la cultura anticristiana en la que se ve a los hijos como impedimentos para llevar un estilo de vida más conveniente.

La sociedad. Uno tiene el derecho al apoyo de la sociedad y el consiguiente derecho y la responsabilidad de contribuir al bien común. Se tiene el derecho a leyes impositivas que reconozcan el costo de criar una familia y que favorezcan a los que están llevando a cabo el trabajo más importante de cualquier sociedad: educar a la próxima generación en el camino del Señor. Uno tiene la responsabilidad de educar a los hijos para que respeten los derechos de Dios y de los hombres y las leyes justas de su país, así como el derecho al apoyo moral de la comunidad en la crianza de los hijos, y quizás el deber, dependiendo de los dones que Dios nos haya dado, de alzar la voz y de actuar en el campo de la política para lograr ese apoyo.

Educación. Los esposos están llamados por Dios a ser los principales educadores de sus hijos. El derecho humano básico de educar a los hijos pertenece a los padres. También es responsabilidad de los padres la educación de los hijos, principalmente en el camino del Señor, pero también en las calificaciones necesarias para ganarse la vida y contribuir a la sociedad. Los padres pueden delegar parte de esta responsabilidad a la escuela, pero el derecho y la responsabilidad primarios siguen siendo de los padres. Según los hijos van acercándose a la edad escolar y ustedes se percatan del rumbo que está tomando la educación escolar, comprenderán por qué muchos padres — desde doctores hasta trabajadores manuales — cada año deciden que pueden cumplir mejor la responsabilidad de educar a los hijos enseñándolos ellos mismos en casa.

¿Hay alguna receta para el amor y la felicidad conyugal?

Los consejeros matrimoniales escriben decenas de libros de recetas para el matrimonio, algunos muy buenos y, sin embargo, en Estados Unidos, la tasa de divorcio sigue siendo increíblemente alta. Creo que lo mejor es ir a la Sagrada Escritura, donde se pueden encontrar — en varios lugares — los ingredientes para una receta bíblica de amor y felicidad conyugal. Empecemos con el famoso texto de San Pablo que trata del amor (I Co 13, 4–7). Algunas traducciones usan la palabra "caridad", pero "amor" nos ayuda a entender mejor su aplicación a las personas que nos rodean más de cerca: el cónyuge y los hijos.

> El amor es paciente, es afable;
> el amor no tiene envidia,
> no se jacta ni se engríe,

No es grosero
ni busca lo suyo,
no se exaspera ni lleva cuentas del mal,
no simpatiza con la injusticia, simpatiza con la verdad.
Disculpa siempre, se fía siempre, espera siempre, aguanta siempre.

Para que esto nos pueda afectar profundamente, digamos:
Seré paciente y tierno con mi cónyuge.
No tendré envidia.
No me jactaré ni me engreiré.
No seré grosero.
No me buscaré a mi mismo.
No me exasperaré ni llevaré cuentas del mal.
No seré injusto, no me alegraré de las equivocaciones y los errores de mi cónyuge sino que me alegraré del bien, especialmente del bien que haga mi cónyuge.
Disculparé siempre, me fiaré siempre, esperaré siempre, aguantaré siempre, especialmente mi cruz diaria.

¡Qué tremendo reto!

Si los esposos se confiesan una vez al mes y utilizan este texto como parte del examen de conciencia, se encontrarán en el camino verdadero para alcanzar el amor y la felicidad conyugal perdurable.

En los próximos capítulos ofreceremos otras citas de la Biblia que nos ofrecen recetas para el amor y la felicidad conyugal.

II.

¿Qué significado tiene el acto sexual?

La intención de Dios es que el acto sexual sea, *al menos implícitamente*, una renovación de la alianza conyugal de los esposos. A algunos les parecerá que esa frase va más allá de lo que la Iglesia católica enseña formalmente, pero en realidad concuerda totalmente con esa enseñanza y ayuda a explicarla.

¿Qué quiere decir "al menos implícitamente"?

La frase "al menos implícitamente" significa dos cosas. Primero, no es necesario ser explícitamente consciente de que las relaciones conyugales renuevan la alianza matrimonial. No es necesario invitar al cónyuge a llevar a cabo el acto sexual diciéndole, "ven, renovemos y reafirmemos nuestra alianza matrimonial". Sin embargo, es conveniente con respecto al matrimonio en general y a las relaciones conyugales en particular no olvidar nunca este verdadero significado — este significado de alianza — del acto conyugal.

En segundo lugar, la frase "al menos implícitamente" significa que no puedes actuar explícitamente en forma contraria a la alianza conyugal. El ejemplo más obvio de esto sería el intercambio de cónyuges, que no es otra cosa que adulterio acordado mutuamente. (Sí, estas cosas suceden, aunque parezcan increíbles.) Obligar al acto sexual en contra de los deseos legítimos del cónyuge sería otro ejemplo obvio de actuar contrario al amor tierno de la alianza conyugal.

¿Cuál es el simbolismo de las relaciones maritales?

Cuando uno se casa, promete darse sin reservas al esposo o esposa. Promete fidelidad; se compromete a amar y cuidar al cónyuge "hasta que la muerte nos separe". Los esposos crean una unidad sobre la cual la Biblia dice "los dos se hacen una sola carne".

Una vez casados, los esposos tienen el privilegio de celebrar la unión que ellos y Dios han creado mediante el acto sexual en que los dos se hacen una sola carne. Las relaciones maritales simbolizan el compromiso y la unidad del matrimonio. En realidad, uno de los fines de las relaciones conyugales es afianzar más el vínculo, fortalecer la alianza y el amor mutuo.

¿Cuál es el significado conyugal del sexo?

Antes que nada, la Sagrada Escritura nos enseña que Dios diseñó el acto sexual como acto matrimonial. La Biblia deja esto muy claro al condenar todo otro tipo de relaciones sexuales: (en orden alfabético) adulterio, bestialidad, contracepción, fornicación, masturbación y sodomía. Lo que queda es el acto sexual honesto entre personas casadas, un verdadero acto marital.

En segundo lugar, las relaciones maritales deben ser un reflejo del amor y ternura que la pareja se promete al casarse.

A veces la gente habla de "relaciones sociales". ¿Qué conexión hay entre esto y la relación conyugal?

El amor se muestra verdaderamente en las "relaciones sociales" de la pareja, es decir, la ayuda mutua que se prestan los esposos en la cocina, las conversaciones en la sala, la ayuda con los hijos, la limpieza del jardín, etc. Las relaciones sociales de los esposos deben ser reflejo de los sacrificios y del amor y la ternura prometidos al casarse. Entonces sus relaciones conyugales serán el reflejo de ese amor diario, no una contradicción a la indiferencia diaria.

¿Cómo puede un acto que da tanto placer ser un acto de entrega?

Esta pregunta envuelve la necesidad de ver las relaciones conyugales como un acto matrimonial. Es en el matrimonio que los esposos hacen la ofrenda de entregarse a si mismos. Mientras más se entiende el matrimonio, mejor se aprecia la entrega de sí que es natural en el compromiso matrimonial. Por lo tanto, en la medida en que el matrimonio sea un reflejo de esa entrega y amor que se prometen al casarse, en esa medida los actos conyugales serán un verdadero símbolo honesto de la alianza conyugal y verdaderos actos de entrega.

¿Qué pasa si tenemos relaciones prematrimoniales?

La única respuesta cristiana es: "¡paren!" Repitamos: es la intención de Dios que las relaciones sexuales sean una renovación de la alianza conyugal. Por lo tanto, las relaciones sexuales prematrimoniales son por naturaleza deshonestas; son una mentira. Pretenden ser lo que no son. Una pareja comprometida para casarse no está casada ni tiene el privilegio de poder tener relaciones sexuales del mismo modo que un diácono no tiene el privilegio de poder decir misa. Claro está que la pareja tiene que esperar a casarse y el diácono, esperar su ordenación como sacerdote.

Esperar hasta estar casados no es sólo una "ley de la Iglesia". No es esperar que la Iglesia dé el "permiso" para tener relaciones sexuales. No, la espera es para los novios. La intención de Dios es que el acto sexual sea un acto marital, y los novios antes de casarse no están moral ni espiritualmente equipados para tener relaciones sexuales.

Además, tener relaciones sexuales de vez en cuando es una forma equivocada de prepararse para el matrimonio. El noviazgo es un tiempo en que la pareja debe aumentar el nivel de la intimidad espiritual "explorando y compartiendo ideas, metas, sueños y esperanzas, valores y problemas"[2].

Peor aún es el mundo de ensueño de "vivir juntos como esposos" antes de casarse. Antes que nada, lo que se hacen realmente es vivir en pecado, y saberlo debe ser más que suficiente para cualquier cristiano. En segundo lugar, esto es irreal, pues los dos saben que el otro se puede marchar en cualquier momento sin que quede ninguna atadura legal ni obligación matrimonial; de manera que uno y otro, o los dos, pueden tratar de ser muy cordiales mientras se va creando resentimiento y esperando verdaderamente poder "actuar como realmente son" una vez que hayan contraído matrimonio públicamente.

Por último, vivir juntos simplemente no funciona como preparación para el matrimonio. Los estudios muestran que la tasa de divorcio es más alta en matrimonios donde los novios han convivido antes de casarse[3].

El noviazgo debe ser un período dedicado a conocerse y dejarse conocer. No quiero decir con esto que sea preciso recitar todos los pecados del pasado. Sin embargo, si los padres y hermanos de los novios han estado diciendo al uno o a la otra que es muy egoísta, impaciente, demasiado trabajador o haragán, demasiado duro consigo mismo o con otros, etc., quizá sea necesario conversar y evaluar como pueden ayudarse mutuamente a mejorar en todo esto sin que el hacerlo resulte fastidioso.

Como ya se ha mencionado, el noviazgo es un tiempo para compartir ideas, e incluye averiguar y revelarse lo que cada uno lee. Si uno de los dos lee revistas (*Playboy*) u otro material pornográfico, tienen un problema ahora y potencialmente uno muy grande para el futuro. Por ejemplo, la edición anual de trajes de baño de la revista *Sports Illustrated* no es sana; no tiene nada que ver con los deportes; sólo tiene que ver con animar a los hombres a considerar a las mujeres como objetos sexuales y a abrigar fantasías irreales de cómo debe lucir una mujer, etc.

¿Qué sucede si según madura nuestro matrimonio nos damos cuenta de que nuestro interés en las relaciones sexuales es muy diferente?

Eso sólo quiere decir que se terminó la luna de miel y que ustedes forman parte de la gran mayoría de la raza humana. Es común que uno de los dos, generalmente la mujer, aunque no siempre, tenga menos interés en el acto sexual conyugal. En verdad, basado en la gran diferencia entre los deseos sexuales de muchos esposos y sus respectivas esposas, he llegado a creer que Dios tiene un gran sentido del humor.

A veces los esposos tienen ideas irreales de lo que pueden esperar de una esposa amorosa. Esos esposos pueden pensar que la forma en que la televisión y el cine presentan a las mujeres como gatitas sexualmente agresivas está basada en la vida real. Aunque es posible que haya algunas o muchas excepciones, la gran mayoría de las mujeres no son sexualmente agresivas.

A principios de 1985, la periodista Ann Landers preguntó a sus lectoras, muchas de las cuales (típicas estadounidenses) practican la contracepción: "¿Te contentarías con que te abrazaran y te trataran con ternura, y olvidarte del 'acto'? Sírvase contestar sí o no y añadir una frase: tengo más (o menos) de 40 años". De las 90.000 respuestas, 72% contestó "sí", y el 40% de las mismas eran menores de 40 años. Esto no es un estudio científico, pero nos brinda una idea de la diferencia que comúnmente existe en el interés en las relaciones sexuales.

En algunos casos, parte de la diferencia puede emanar de sentirse usadas y por lo tanto no es sorprendente que este sentimiento no sea tan prevalente entre parejas que practican el control natural de la natalidad que entre parejas que practican la contracepción. A raíz del estudio de Ann Landers, la Liga de Pareja a Pareja para la Planificación Natural de la Familia (Couple to Couple League) llevó a cabo un estudio entre sus miembros a los que les envió la misma pregunta. Sólo el 8.4% contestó "sí".

Alguna diferencia en el interés en las relaciones sexuales es normal. Generalmente, la práctica de la abstinencia periódica y del cortejeo en el matrimonio evitan que esta diferencia se convierta en un problema.

Temas para estudiar juntos

1. ¿Aceptamos la enseñanza Católica sobre el amor y el comportamiento sexual? Si no la aceptamos, ¿por qué?

2. Si la intención de Dios es que el acto sexual sea al menos implícitamente una renovación de la alianza conyugal, ¿a qué conclusión se puede llegar sobre las relaciones sexuales prematrimoniales?

3. ¿Cómo es posible demostrarse el amor, en las actividades diarias de educar a los hijos, conversaciones, trabajos del hogar, etc.?

4. Tenemos el derecho y el deber de rezar diariamente. ¿Estamos dispuestos a rezar juntos en voz alta? Si no, ¿por qué?

Referencias

1. Para una explicación más completa del comportamiento sexual permitido, solicite el folleto "Sexualidad Matrimonial: Consideraciones Morales" y adjunte un sobre con sello más su nombre y dirección a: La Liga de Pareja a Pareja P.O. Box 111184, Cincinnati, OH 45211, EE.UU.

2. Pat Driscoll, "A Letter to a Friend", *CCL Family Foundations*, marzo–abril de 1992, pág. 20.

3. "Living together risks love, Study: Divorce more likely", *Cincinnati Enquirer*, 3 de septiembre de 1992. pág. A-7. El artículo se refiere a un estudio publicado en el número de agosto de *Demography* en el que el autor hace referencia de otros estudios que muestran que "las parejas en que los dos viven juntos antes de casarse tienen un tasa de divorcio entre el 50% y el 100% más alta que los que no lo hacen".

6. En el matrimonio, ¿quién manda?

En el matrimonio, ésta no es una pregunta válida. De hecho, si ésta es una pregunta que se plantean seriamente mientras se preparan para contraer matrimonio, ya están buscándose un problema. Sin embargo, el decir que ¿quién manda? no es una pregunta válida, no es lo mismo que decir que en el matrimonio no haya una autoridad establecida por Dios. La hay y se llama cabeza.

¿Ha encomendado Dios la función de cabeza de familia a uno de los cónyuges?

Sí. Pero, como verán en el siguiente pasaje, ser cabeza es muy distinto a ser autoritario. El famoso texto que trata de este tema se encuentra en la Carta de San Pablo a los Efesios y es parte de la receta bíblica para la felicidad conyugal. Toma buena nota de la primera frase.

²¹Sed sumisos los unos a los otros en el temor de Cristo. ²²Las mujeres a sus maridos, como al Señor, ²³porque el marido es cabeza de la mujer, como Cristo es Cabeza de la Iglesia, el salvador del Cuerpo. ²⁴Así como la Iglesia está sumisa a Cristo, así también las mujeres deben estarlo a sus maridos en todo.

²⁵Maridos, amad a vuestras mujeres como Cristo amó a la Iglesia y se entregó a sí mismo por ella ²⁶para santificarla, purificándola mediante el baño del agua, en virtud de la palabra, ²⁷y presentársela resplandeciente a sí mismo; sin que tenga mancha ni arruga ni cosa parecida, sino que sea santa e inmaculada. ²⁸Así deben amar los maridos a sus mujeres como a sus propios cuerpos. El que ama a su mujer se ama a sí mismo. ²⁹Porque nadie aborreció jamás su propia carne; antes bien, la alimenta y la cuida con cariño, lo mismo que Cristo a la Iglesia, ³⁰pues somos miembros de su cuerpo. ³¹Por eso dejará el hambre a su padre y a su madre y se unirá a su mujer, y los dos se harán una sola carne. ³²Gran misterio es éste, lo digo respecto a Cristo y la Iglesia. ³³En todo caso, en cuanto a vosotros, que cada uno ame a su mujer como a sí mismo; y la mujer que respete al marido (Ef 5, 21–33).

En el versículo 21, San Pablo nos prepara para lo que sigue. Aunque tenga que enseñar que el hombre es cabeza, nos lo enseña en el contexto de la sumisión mutua. Esto nos trae a la mente la enseñanza de Cristo de que entre sus discípulos el liderazgo significa servicio y no dominio sobre los demás (Lc 22, 24–27). También nos recuerda la Última Cena, cuando Jesús lavó los pies de sus discípulos (Jn 13, 3-17).

Futuras esposas, en el versículo 22 San Pablo les ofrece el mayor de los retos como esposas modernas: el dictamen de ser sumisas a sus esposos. Tomen nota, sin embargo, de que el Apóstol asimismo califica esta sumisión: "como al Señor". Lo que el Señor quiere para usted es siempre para su bien, y el Señor nunca pide que hagamos nada pecaminoso. De manera que si el marido pide a la esposa que use la "píldora" u otra forma no natural para evitar los hijos o quiere que participe en otros actos sexuales inmorales, él se ha desviado completamente de su función como cabeza; esto por supuesto se aplica a cualquier tipo de inmoralidad, no sólo a pecados contra el sexo.

Futuros esposos, tomen muy buena nota del reto del versículo 25, el dictamen de amar a su mujer como Cristo amó a su Iglesia y se entregó a sí mismo por ella. Total ofrenda de amor. Significa morir a sí mismo para poder ayudar a la esposa, y hasta ayudarla a santificarse, es decir, ayudarla a crecer en santidad. ¡Aquí no hay cabida para el dominio!

Si ser cabeza no significa "dominar" entonces ¿qué es?

Ser cabeza significa guiar. Ser cabeza de familia es asumir la responsabilidad de guiarla en todo lo que importa para la eternidad así como en los asuntos de la vida diaria; por ejemplo, proveer para el sostenimiento de la familia. Esto incluye orar y rendir culto en familia; guiar a los hijos por el camino del Señor mediante la palabra y el ejemplo.

Uno de los principales problemas de la familia occidental moderna ha sido la renuncia del esposo a su función como jefe de familia. Demasiados esposos dan la impresión a sus hijos de que todo lo que importa en la vida son el dinero y los deportes, o los deportes y el dinero. Según crecen, los hijos reciben otro mensaje más: el dinero y el deporte se disfrutan más cuando se les añade sexo; la mujer debe ser el juguete del hombre. La religión auténtica que implica servir a Dios en sus términos, como el camino de la verdadera vocación cristiana — eso es algo que le corresponde a la esposa. Como resultado, muchos jóvenes se desarrollan sin tener delante la imagen de un hombre que se toma en serio las cosas importantes de la vida.

¿Cómo puede animarse al esposo a cumplir sus responsabilidades como jefe de familia?

Aquí también se cumple el antiguo adagio de que detrás de todo hombre triunfante hay una mujer que lo apoya. Esto comienza desde el principio del noviazgo. La mujer puede hacer comprender al hombre la importancia de vivir en consonancia con la ley divina; puede esperar — realmente exigir — el respeto hacia ella y hacia el cumplimiento de los mandamientos. Su ejemplo en aceptar el dominio de Cristo conduce al esposo a aceptarlo también.

¿Significa la jefatura del esposo que los hombres son superiores a las mujeres o que las mujeres no son iguales al hombre moral o espiritualmente?

No cabe duda alguna de que la respuesta es no. De hecho, los datos sociológicos demuestran que las mujeres son generalmente más competentes en los asuntos que son verdaderamente importantes en la vida, como desarrollar relaciones en la familia, etc. Aparte de la fuerza física, quizá sea cierto que el hombre es el sexo débil. Si es así, entonces, el que Dios haya escogido a los esposos como cabezas de familia se ciñe a Su modelo de escoger las cosas débiles del mundo para realizar Su labor (I Co 1, 26–30).

El Papa Juan Pablo II ha hablado sobre el misterio del orden dentro de la igualdad:

> Puede decirse que el pensamiento de Pablo con respecto al amor conyugal cae dentro de la ley de la igualdad, que el hombre y la mujer cumplen en Jesucristo (véase ICo 7,4). No obstante, cuando el Apóstol hace la observación: "el marido es cabeza de la mujer, como Cristo es cabeza de la Iglesia, el salvador del Cuerpo" (Ef 5, 23), la igualdad, la paridad interhumana, se suprime porque hay un orden en el amor. El amor del marido por su mujer es una participación en el amor de Cristo por su Iglesia . . . Esta relación entre cabeza y cuerpo no cancela la reciprocidad conyugal, sino que más bien la fortalece.

En resumen, el Papa reconoce la jefatura del hombre en el matrimonio y la llama "orden en el amor"; los esposos son, por lo tanto, iguales como ya se ha expuesto. Reconocerlo y vivirlo requiere la gracia de Cristo.

¿Pero no es esa jefatura del esposo sexista y no está ya pasada de moda?

No. No se basa en ninguna supuesta superioridad del hombre; se basa simple y solamente en el principio espiritual de que como Cristo es la cabeza de su familia, la Iglesia, así el marido es la cabeza de su familia.

El principio bíblico de San Pablo no pasa de moda. Alguien tiene que ser cabeza, lo mismo que en la Iglesia, para la cual Cristo escogió doce apóstoles y nombró a una cabeza. Si se rechaza la base bíblica y espiritual de jefatura, ¿qué otra base perdurable queda? ¿Calificaciones en los exámenes? ¿Poder físico? ¿Habilidad para hablar más rápido o más alto?

Me imagino que algunas jóvenes encontrarán esto problemático. Va en contra de la fibra de un cierto tipo de feminismo (en contraste con la feminidad) que abarca las últimas décadas del siglo XX y no toma en consideración las verdaderas diferencias entre el hombre y la mujer. A esas mujeres les aconsejo lo siguiente: por amor al marido, acepten y respeten el principio bíblico y espiritual de su jefatura.

En primer lugar, hay un beneficio espiritual al aceptar esto.

En segundo lugar, puede ser la mejor manera de animar a su marido a aceptar verdaderamente la función de cabeza cristiana de la familia.

En tercer lugar, al aceptar que su marido es la cabeza, ayuda a establecer la importancia de vivir el matrimonio basado en principios religiosos. Llegará el momento, ya sea en cinco o en más de veinticinco años, en que aparezca la desilusión conyugal en su matrimonio. Los sentimientos de amor desaparecen temporalmente. Su marido puede estar pensando que otros 20 o 40 años junto a usted podrían convertirse en un purgatorio. En esos momentos, el hecho de que el marido se quede y solucione esta horrible experiencia depende más que nada de su convicción sobre la importancia de afianzarse a los principios religiosos, es decir, que está atado a usted ante Dios por los votos conyugales mutuos y que realmente no tiene otra salida moralmente decente.

Si los esposos tienen que ser sumisos el uno al otro (versículo 21), ¿qué pueden hacer si en realidad no pueden llegar a un acuerdo en algo?

Cuando el marido y la mujer asumen seriamente su responsabilidad como esposos y padres a la luz de la vocación cristiana y tratan de someterse uno al otro en Cristo, estarán en desacuerdo en muy pocas cosas. No obstante, llegará un momento en que exista una diferencia que no puede reconciliarse o comprometerse: será necesario tomar una decisión de hacer una cosa que excluya a la otra. Por ejemplo, es posible que el marido no pueda escoger cuándo tomar sus vacaciones y cree que deben visitar, en familia, a sus padres ancianos que están en mal estado de salud; el problema es que esto causará que los niños dejen de participar en una competencia de natación importante. Él toma la decisión, como jefe de familia, que harán una obra de misericordia y visitarán a los abuelos. (Si no le gusta este ejemplo, piense en uno propio.) Se trata de que la actitud es lo que cuenta. Su actitud debe ser la de lamentarse de la desilusión y dolor que su decisión pueda causar, nunca una de victoria. La de ella debe ser una actitud de aceptación, de ofrecimiento, nunca una de resentimiento y capricho.

Sin tomar en cuenta cuál de las dos opiniones han decidido seguir, es de suma importancia que los dos presenten un frente unido a los hijos. Tiene que ser, "tu padre y yo (o tu madre y yo) hemos decidido . . ."

¿No sería mejor desistir de este concepto de jefatura si nosotros pensamos estar de acuerdo en todo lo importante?

Si piensan estar de acuerdo en todo lo importante, porque no empiezan por estar de acuerdo en que el marido es la cabeza. ¿Cómo podemos considerar que algo no es importante cuando se nos exige específicamente en la Sagrada Escritura?

Quizá la Sagrada Escritura nos esté revelando que el marido tiene una verdadera necesidad psicológica de jefatura, una verdadera necesidad de que se le respete dentro de los confines de su propia familia. En el trabajo es posible que esté sujeto a jefes que lo hacen sentir muy poco como hombre; o puede que sea el "jefe" y sepa que, sin importar lo que haga, está sujeto a críticas capciosas de sus subordinados, hechas a sus espaldas. Quizá la Sagrada Escritura nos esté revelando que la mujer tiene una verdadera necesidad psicológica de someterse al hombre al que ha prometido su amor y fidelidad por toda la vida. Quizá la Sagrada Escrituras nos esté revelando que estas necesidades se complementan, que el marido necesita una mujer que lo ayude a crecer, a sentirse hombre, esto es, que lo ayude a crecer en su dignidad propia, que lo ayude a asumir sus responsabilidades como jefe de familia. Quizá la Sagrada Escritura nos esté revelando que la mujer encuentra sus mayores alegrías en ayudar a su marido en todo esto.

Digámoslo de esta manera. Cuando una madre amamanta a su hijo, la hormona prolactina aumenta muchísimo y aumentan sus sentimientos maternales; la hormona la ayuda a aceptar más fácilmente sus responsabilidades maternales. Quizá si la mujer ayuda a su marido a sentir que es verdaderamente la cabeza de la familia, éste asumirá más fácilmente las responsabilidades que esto conlleva; es posible que demuestre más fácilmente su amor paciente y ternura para con su mujer y sus hijos; que esté más dispuesto a pasar por alto sus cargas y pensar más bien en las de ella.

Temas para estudiar juntos

1. La Sagrada Escritura compara la relación entre marido y mujer con la relación entre Cristo y su "esposa", la Iglesia. ¿Qué nos enseña esto con respecto al matrimonio?

2. Cabeza de familia o jefatura significa aceptar las responsabilidades con respecto a los asuntos que son verdaderamente importantes: los espirituales y los que surgen diariamente. ¿Cuáles son éstos específicamente?

3. Muchos acontecimientos, de deportes y otros, están programados durante días que son tradicionalmente para pasar en familia como el Día de Acción de Gracias (en Estados Unidos), la Navidad, los domingos. Si estás convencido de que la vida de familia es importante, ¿cómo pondrás estas convicciones en práctica frente a estos acontecimientos?

7. La comunicación

En los últimos años, se ha escrito muchísimo sobre la importancia y las técnicas de comunicación. No hay duda: cómo te comunicas con tu cónyuge y qué le comunicas influirá mucho en la felicidad conyugal. Podríamos decir: "Bueno, las parejas han vivido matrimonios estables, en paz, durante muchos siglos antes de que se hablara tanto de una buena comunicación entre los esposos, así que ¿de dónde viene todo este nuevo furor?" Esto es cierto, pero hoy día son mucho mayores que en los siglos pasados, las nuevas presiones sociales que pueden causar la desintegración del matrimonio, y por eso es probablemente mucho más importante hacer un esfuerzo especial en esta área.

Se escribe este capítulo desde la perspectiva de que ya están casados, pero leerlo cuando todavía están en la etapa del noviazgo puede ser beneficioso; puede ayudarlos a darse cuenta de que los esposos tienen que trabajar individualmente y juntos para mantener una relación armoniosa y feliz.

¿Cómo se comunican los esposos?

Se comunican de la misma forma que todo el mundo: verbalmente y mediante gesticulaciones. Frecuentemente, las dos formas se usan simultáneamente. Por ejemplo, si se dice "Gracias", el tono de voz puede comunicar que uno está genuinamente agradecido. Por otro lado, las misma palabra dicha con sarcasmo y gritada a toda voz comunicará algo muy diferente. ¿Es esto sólo comunicación verbal, o está también acompañada de gesticulaciones? No trato de abrir ni cerrar un debate, solo uso el ejemplo para ilustrar cómo estos dos aspectos están entrelazados en casi toda nuestra comunicación.

¿Sobre qué debemos comunicarnos?

Sobre casi todo. En Estados Unidos las costumbres sociales no consideran apropiados los temas de política, religión y sexo para una conversación casual con extraños en una fiesta, lo que nos deja mayormente los temas de trabajo, deportes, el tiempo, y los sucesos de actualidad. Sin embargo, con toda certeza la religión y el sexo son temas importantes en el matrimonio. Para comenzar, ¿por qué no examinar detenidamente los temas desarrollados en este libro?

¿Tienen la mente vacía? ¿Por qué no cultivar el arte de leer buenos libros? Si aprenden más sobre su herencia católica y cultural y el patrimonio nacional, los dos tendrán muchos más temas para conversar.

¿Y sobre nuestras relaciones?

Sus propias relaciones son un tema importante sobre el cual deben comunicarse, por lo que surgen dos preguntas. ¿Cómo comunicarse sobre las cosas buenas y cómo comunicarse sobre los asuntos que irritan nuestra vida juntos?

La siguiente idea la aprendí en un seminario sobre administración: busca algo que tu cónyuge haya hecho ese día y halágale por ello. Cada día. Los esposos pueden encontrar que les resulta más fácil, pues las esposas generalmente preparan la comida y con seguridad habrá algo que puede ser motivo de alabanza. Por otro lado, si el resultado es un total desastre, no hace falta pretender, pero muérdete la lengua y no digas nada. Posiblemente trató de hacerlo bien y se siente más frustrada que tú. Un mutuo sentido del humor puede ayudar mucho, pero espera que ella sea la primera en reírse.

Esposas, busquen algo aunque sea parte de la rutina. ¿Recoge el esposo su ropa sucia? ¿Ayuda a hacer la cama? ¿Ayuda a preparar la comida y a lavar los platos? ¿Saca la basura? No es raro que muchos no lo hagan, así que estén agradecidas del que tienen por marido.

Y si hay disparidad en esto y la mujer es la que recibe la mayor parte de las alabanzas, que así sea. Típicamente la mujer es más sensible a estas cosas que su marido y si ella es el ama de casa principal, se merece y necesita un esposo que la aprecie.

¿De qué forma nos comunicamos sobre las irritaciones de la vida de casados?

Cuidadosamente. Muy cuidadosamente. La línea que divide la crítica exasperante y la comunicación constructiva es muy delgada y lo primero es más fácil que lo segundo.

Para evitar la exasperación, no debe criticarse directamente el comportamiento del esposo o esposa porque eso conduce al debate sobre los méritos de ese comportamiento. Más bien, debe describirse lo que se siente como reacción a ese comportamiento.

En los programas de 12 pasos hacia la recuperación, las lecciones básicas sobre comunicación enseñan a catalogar los sentimientos en cuatro categorías. "Cuando haces eso me siento CONTENTO o IRRITADO o TRISTE o HERIDO".

El primer punto es el siguiente: nadie puede argumentar sobre lo que sienten. Los méritos de que él se vaya a pescar todos los fines de semana o de que ella juegue a los bolos varias noches durante la semana se pueden discutir hasta cansarse, pero no puede surgir discusión sobre la reacción emocional del cónyuge con respecto a tal comportamiento.

El segundo punto es como sigue: puede ser necesario que dejen de hacer algo que no es en sí mismo malo pero despierta sentimientos de dolor o irritación o tristeza en su cónyuge. De esto que se trata el matrimonio.

El tercer punto debe ser obvio: no muestres sentimientos falsos como un medio para controlar o manipular a tu cónyuge.

El cuarto punto también resulta obvio: ninguna técnica puede sustituir al amor. Asegúrese de leer y releer la "receta para el matrimonio" que nos da San Pablo en I Corintios 13, 1–7 y en Efesios 5, 21–33.

La importancia de la cortesía

No podría formular una pregunta "¿debemos comportarnos con cortesía el uno con el otro?", porque la respuesta es muy obvia.

No obstante, un cónyuge puede sobrepasarse en cortesía. De vez en cuando uno se encuentra con la situación donde una mujer manifiesta a todos, luego de que el marido la ha dejado, "no tenía ni idea de que hubiera algún problema entre nosotros". No cabe duda de que el marido sí tenía un problema y es obvio que no lo quería discutir y trataba a su mujer con toda cortesía. Si un hombre deja que la lujuria por otra mujer reine en su corazón, tiene un problema muy grande y puede hacer todo lo posible para evitar que se sepa. Puede ser extremadamente cortés y caballeroso con su mujer, inclusive hasta el momento de desertarla o pedirle el divorcio.

No obstante, aparte de este tipo de decepción deliberada, otros esposos de buena fe pueden temer traer a colación algo que les está molestando por temor a perturbar el ambiente de cortesía entre ellos o romper la armonía, y consecuentemente mantienen una actitud restringida que acumula resentimientos. Es posible que esto se base en temores infundados o quizás en la experiencia, lo que nos lleva a la siguiente pregunta.

¿Estimulo la comunicación abierta de mi cónyuge?

Si mi cónyuge trae a colación alguna crítica, no importa cuán indirecta y cuán correctamente esté expuesta en términos de sentimientos, ¿reacciono negativamente? ¿Respondo inmediatamente con mis pensamientos y sentimientos sobre algo que mi cónyuge hace o deja de hacer? ¿Reviento de cólera? ¿Le doy a mi cónyuge el tratamiento del silencio por varios días?

¿Guardo resentimiento? Si respondo de manera obviamente negativa, ¿no estoy creando entonces barreras para una futura comunicación?

¿Debemos rezar juntos o separados?

De ambas maneras. Si quieren vivir de acuerdo al plan de Dios, si desean recibir las alegrías y bendiciones que Dios desea para ustedes, ¿no tendría sentido invitar a Dios a formar parte verdaderamente su matrimonio? Si reconocen que necesitan la ayuda de Dios para poder ser los esposos y padres amorosos que Dios desea y ustedes quieren ser, entonces oren diariamente para que Dios les conceda esas gracias.

Les sugiero que comiencen el día con el ofrecimiento de obras. Si están practicando sistemáticamente la planificación natural de la familia, qué mejor momento para los dos rezar en silencio, que los cinco minutos cuando la mujer se toma la temperatura al despertar (ver el capítulo 9). La oración antes de las comidas debe decirse siempre, pero no de forma rutinaria ya que podrían olvidarse de lo que están haciendo. Participen de la misa juntos, todos los domingos. Hagan oración regularmente antes de acostarse, y por qué no concluir este rato de oración silente rezando juntos un padrenuestro, avemaría, un gloria y el acto de contrición. ¿Piensan hacerse el amor? ¿Por qué no pedir juntos brevemente en oración que vuestras palabras y acciones los ayuden en la verdadera entrega de amor conyugal y para que puedan ser buenos padres para los niños que Dios les quiera dar?

Tienen la obligación solemne de rendir culto todos los domingos en Misa, pero ¿por qué hacer lo mínimo? Si su agenda se los permite, ¿por qué no tratar además de asistir a misa un día entre semana? Los que trabajan en el centro de la ciudad posiblemente encuentren una Misa al mediodía.

Les recomiendo encarecidamente que los dos se confiesen por lo menos una vez al mes. El Sacramento de la Reconciliación (o Penitencia, como se llamó por siglos) ha caído en desuso generalizado, pero es un poderoso don del Señor. La confesión mensual regular puede ayudarlos mucho a crecer en el Señor y es una gran ayuda para evitar las tentaciones. Sólo el pensamiento de tener que confesar un pecado que uno está siendo tentado a cometer puede ser de gran ayuda para vencer la tentación.

Cuando Nuestra Señora se apareció en Fátima en 1917, pidió que rezáramos el rosario todos los días por la paz del mundo, por la conversión de Rusia y por la conversión de los pecadores de todo el mundo. Les encomiendo a ustedes esta petición. Es una forma de ser parte de la solución en vez de ser parte del problema.

Por otro lado, si viven una vida de ateísmo práctico, aunque sean nominalmente Católicos, ¿no está cada uno siendo parte del problema por lo que necesitan orar y cambiar? ¿Qué es una vida de ateísmo práctico? Es el tipo de vida que no tiene cabida para Dios y generalmente incluye la contracepción, quizás ocasionalmente la infidelidad, seguramente de pensamiento y a veces de obra. Otras características son no hacer nada por educar a los hijos para el Señor, la falta de vida de oración, no participar de la Misa los domingos, es decir, simplemente lo que es común en una vida de casados totalmente secular la cual vemos ilustrada en la televisión y en miles de vidas de nuestra era postcristiana. No sorprende que la mayoría de esos matrimonios terminen en divorcio, ya que los esposos simplemente no cumplen el plan de Dios para el matrimonio.

¿Y qué de estas dos palabras: "te amo"?

No es posible imaginarse un esposo y una esposa a los que nos les guste oír esas palabras y sin embargo, los libros sobre el matrimonio típicamente incluyen un cuento sobre un matrimonio en el cual esas palabras nunca se pronunciaban. El ejemplo clásico es el del marido que trabaja muy duro para mantener a su mujer y sus hijos y cree que sus actos son suficientes para demostrar su amor. Bueno, señores, es cierto que lo que se hace es más elocuente que las palabras, pero a las mujeres también les gusta escuchar las palabras. Y señoras, a sus maridos también les gusta escucharlas.

Es muy fácil, demasiado fácil, decirlas cuando se está haciendo el amor, así que les doy esta sugerencia: concluyan sus oraciones vespertinas a Dios diciéndose mutuamente esa frase tan importante: "te amo".

¿Cuáles son algunos ejemplos de comunicación no verbal?

Otro término que se utiliza para la comunicación no verbal, es el lenguaje corporal, que incluye una gran variedad de acciones desde tomarse las manos hasta evitarse.

La apariencia personal es una forma de lenguaje corporal. La forma de vestir y de arreglarse puede decirle al cónyuge "eres importante para mí". No es que trate de sugerir que usen ropa de vestir en la casa, pero a un esposo puede serle significativo el llegar a la casa y encontrar a su esposa arreglada y con aspecto femenino más bien que desaliñada (y mi opinión personal es que la mujer luce más femenina con una falda que con un pantalón de mezclilla). Asimismo, puede significar mucho para la mujer que su marido se siente a la mesa limpio y arreglado y no mugriento.

El saludo con que se recibe al esposo cuando regresa a la casa puede ser otra forma de comunicación no verbal: hay una gran diferencia entre decir,

"¡Oh!, ya llegaste" y otra es un breve beso y abrazo.

Una sonrisa puede ser una buena forma de comunicación. Para algunos es fácil sonreír, otros necesitan esforzarse, especialmente después de muchos años de duro trabajo y de problemas. Está demás decir que vale la pena esforzarse.

De ordinario, los buenos modales muestran respeto a los que nos rodean; no es necesario reservarlos sólo para las visitas.

Como ya se ha dicho, el tono, el volumen de la voz y las expresiones del rostro, son manifestaciones del lenguaje corporal, que se mezclan de modo inseparable con las palabras que se dicen.

¿Y qué del sexo como medio de comunicación?

El acto sexual es una forma única de comunicación; se reserva exclusivamente para los casados. Dios quiere que el mismo sea al menos implícitamente una renovación de la alianza conyugal. Uno de los retos del matrimonio es hacer esta renovación más explícita en sus corazones y sus mentes.

Parte de ese reto es lo siguiente: pasar de concentrarse y preocuparse de la satisfacción de sus deseos sexuales a complacer a tu cónyuge. Y esto funciona tanto si tiene relaciones cuando no se siente con muchos deseos como cuando hace el esfuerzo para que sea una experiencia satisfactoria para su cónyuge. En ocasiones esto significa no pedirle al cónyuge tener relaciones cuando se sabe que preferiría dormir o algún otro tipo de comunicación.

Por favor, nunca pierdan de vista que la comunicación sexual es de especial preocupación para el Señor. Es el tema del 20% del Decálogo (en efecto, del 29% de los siete Mandamientos que tratan de los deberes con el prójimo). Dios es Amor, y el acto sexual es considerado ampliamente — y apropiadamente — como una expresión especial del amor. A Dios le interesa que lo que se llama un acto de amor entre una mujer y un hombre que están hechos a Su imagen y semejanza sea en realidad un acto de amor verdadero. En esto se basa la preocupación de la Iglesia respecto a los métodos de control de la natalidad como se describe en el siguiente capítulo.

¿Qué efectos tiene la televisión en la comunicación de los esposos?

En una palabra, puede ser mortal. ¿Han oído alguna vez a alguien decir que el ver televisión comercial y secular es bueno para su matrimonio o para cualquier matrimonio?

Para comenzar, si usted se sientan solo frente a una pantalla de televisión a ver un programa estereotipado, esto puede significar que prefieren esto a las comunicaciones activas. Por lo menos interfiere seriamente en el tiempo que tienen para compartir juntos.

En segundo lugar, lo que se ve es generalmente irreal. Las noticias están muy editadas con el propósito de que comuniquen lo que el productor quiere que se vea y los así llamados programas para la familia, no sólo los que contienen sexo y violencia, son irreales. El hombre por naturaleza es religioso, pero ese aspecto no se refleja en casi ninguna película o programa de televisión. A las esposas y madres se les muestra no como personas ordinariamente atractivas sino casi siempre de forma extremadamente atractiva. Los esposos y padres son típicos bufones o tan increíblemente inteligentes e imperturbables que los esposos y padres comunes y corrientes no pueden competir con ellos.

Tercero, mucho de lo que se ve es fuente de verdadera tentación para el hombre promedio. Los anuncios con mujeres sensuales en situaciones obviamente sugestivas tratan de crear fantasías, y son efectivos. El hombre ordinario, tiene suficientes estimulaciones sexuales de su propia esposa y de sus hormonas. No necesita que las fantasías de la televisión le brinden más ideas. No necesita sentirse mal de que su mujer no es la gatita glamorosa y agresiva que constantemente sale en la televisión en los anuncios de cerveza, ropa interior, perfumes, productos para afeitarse, etc.

Esto no quiere decir que no haya ningún programa de televisión que sea bueno; es posible que los esposos puedan ver juntos algún programa de televisión como un pasatiempo recreativo genuino y al mismo tiempo disfrutar de la compañía mutua. Pero, hasta al mejor de los programas lo pueden arruinar los anuncios.

Es necesario indicar lo siguiente en lo que concierne a ver deportes. Puede llevar demasiado tiempo. Me parece que la mujer que se sienta ofendida porque el marido se pasa casi todo el domingo delante del televisor, sin tomar en cuenta a su mujer y sus hijos, tiene una necesidad legítima de comunicarlo, negociarlo y buscar reducirlo. Una cosa es ver un juego; muy diferente es ver dos o tres, y los anuncios son generalmente de los peores.

Temas para estudiar juntos

Aunque estas preguntas hayan sido formuladas desde la perspectiva de la pareja de casados, sitúense en el futuro y contéstenlas como mejor puedan separadamente. Entonces comparen las respuestas de ambos.

S = casi siempre; V = a veces; N = nunca

	S	V	N

¿Halago a mi cónyuge?

¿Lo fastidio?

¿Manipulo sus sentimientos?

¿Soy sarcástico?

¿Me aguanto las cosas que me molestan y dejo que se acumulen?

¿Comparto mis sentimientos sobre las cosas que me molestan?

Si es así, ¿lo hago cortésmente?

Si se me critica . . .

¿Respondo con algo negativo sobre mi esposo?

¿Me encolerizo?

¿Es mi respuesta el trato del silencio?

¿Guardo resentimientos?

¿Rezo solo?

¿Rezo en alta voz con mi esposo

¿Asistimos a Misa juntos?

¿Digo, "te amo"?

¿Digo "adiós" con un beso y un abrazo?

¿Apago la televisión para pasar un rato con mi esposo?

¿Paso juicio antes de conocer todos los hechos?

¿Me distraigo fácilmente cuando mi esposo me habla?

¿Estoy siempre demasiado preocupado para poder escuchar?

¿Creo que mis sentimientos son más importantes que los de mi esposo?

8. Control de la natalidad

La doctrina católica sobre el control de la natalidad es muy clara; pero no es bien entendida por las siguientes razones. A veces se desconocen los simples conceptos; otras veces se conocen, pero sólo superficialmente. Como en mucho de lo relacionado con el matrimonio cristiano, la enseñanza católica sobre el control de la natalidad se puede entender sólo a la luz de la vocación cristiana.

¿Por qué Jesús se hizo uno de nosotros?

Los católicos creemos que Jesús vino a salvarnos y a enseñarnos las verdades respecto al amor: el amor de Dios por cada uno de nosotros y cómo debemos amarnos los unos a los otros. Es decir, Él nos enseña la verdad divina sobre el amor humano. También significa que nuestra búsqueda del amor y la felicidad tiene que basarse en que respondamos ante todo al llamamiento del Señor: "Porque quien quiera salvar su vida, la perderá; pero quien pierda su vida por mí, ese la salvará" (Lc 9, 24).

Tómese buena nota de que Jesús no promete sólo la felicidad eterna en el cielo a los que le siguen por el camino angosto (Mt 7, 14); Él promete además una paz y alegría especial aquí en la tierra a los que lo aceptan y siguen su camino. "Venid a mí todos los que estáis fatigados y sobrecargados, y yo os daré descanso. Tomad sobre vosotros mi yugo, y aprended de mí, que soy manso y humilde de corazón; y hallaréis descanso para vuestras almas. Porque mi yugo es suave y mi carga ligera" (Mt 11, 28-30).

Si la doctrina católica sobre el control de la natalidad es tan clara, ¿por qué parece haber tanta confusión sobre ella?

Como ilustración de la claridad de la misma, en este capítulo se citarán varios documentos de la Iglesia. En cuanto a por qué hay tanta confusión, ¿que podríamos decir con seguridad? Algunas personas — entre ellos, sacerdotes, educadores, y personas involucradas en la pastoral del matrimonio — parecen simplemente ignorar estas enseñanzas bien documentadas. Sospecho que a otros les resulta difícil trasmitir una doctrina que podría significar una cruz diaria para muchos; por eso tratan de interpretarla libremente o de decir cosas que confunden a las parejas que buscan guía.

¿Qué nos enseña la Iglesia sobre tener hijos?

Durante siglos, la Iglesia ha enseñado que en un sentido muy real el primer fin del matrimonio (y de las relaciones matrimoniales) es engendrar hijos y educarlos por el camino del Señor; el fin secundario es generar y nutrir las relaciones matrimoniales. Veámoslo de la siguiente manera: la única forma natural y moral de cocrear con Dios una nueva persona destinada para la vida eterna con Él es por medio de la relación marital; sin embargo, hay diversas maneras de generar y nutrir las relaciones matrimoniales. Obsérvese que ambos fines requieren el amor verdadero de los esposos.

Con fines pastorales, los padres del Segundo Concilio Vaticano (1962–1965) no usaron los términos tradicionales "primario y secundario", pero no cabe duda de que reafirmaron la doctrina tradicional del modo siguiente:

> El matrimonio y el amor conyugal, por su propia índole, se ordenan a la procreación y educación de la prole. Los hijos son ciertamente el regalo más hermoso del matrimonio, y contribuyen muchísimo al bien de los propios padres. El mismo Dios que dijo: "No está bien que el hombre esté solo" (Gn 2, 18), y "que desde el principio hizo al hombre varón y hembra" (Mt 19, 14), queriendo concederle una participación especial en su obra creadora, bendijo al varón y a la mujer, diciendo: "Creced y multiplicaos" (Gn 1, 28).
>
> De aquí que el auténtico cultivo del amor conyugal y todo el sistema familiar de vida que de ahí procede, sin menoscabo de otras finalidades del matrimonio, tienden precisamente a que los esposos estén valientemente dispuestos a cooperar con el amor del Creador y Salvador, que por medio de ellos dilata y enriquece día a día su familia.
>
> En este oficio de transmitir la vida humana y educarla, que han de considerar los esposos como misión propia, saben ellos que son cooperadores del amor de Dios y en cierta manera sus intérpretes (*Gaudium et Spes*, n. 50)*.

---

* Concilio Vaticano II, *Constitución pastoral sobre la Iglesia en el mundo actual*, 17 de diciembre de 1965. Las referencias que aparecen más adelante en el texto usan el título común en latín de este documento, *Gaudium et Spes*. Los números se refieren a las secciones numeradas en el texto oficial.

¿Enseña la Iglesia que el matrimonio debe tener cuantos hijos puedan físicamente?

No. La Iglesia enseña claramente que si uno tiene una razón suficientemente seria para evitar el embarazo, se puede hacer uso de los métodos naturales de planificación de la familia.

Por consiguiente si para espaciar los nacimientos existen serios motivos, derivados de las condiciones físicas o sicológicas de los cónyuges, o de circunstancias exteriores, la Iglesia enseña que entonces es lícito tener en cuenta los ritmos naturales inmanentes a las funciones generadoras para usar del matrimonio solo en los períodos infecundos y así regular la natalidad sin ofender los principios morales que acabamos de recordar (*Humanae Vitae*), 16)[1].

¿Cuáles se consideran motivos serios para evitar el embarazo?

Muchas parejas encuentran que es precisamente esta pregunta lo que resulta más difícil en la práctica de la planificación natural de la familia. ¿Tenemos un motivo suficientemente serio para evitar el embarazo? ¿Por qué invitamos al Señor a bendecirnos con un hijo, con otro hijo? ¿Debemos hacerlo?

La Iglesia no nos ofrece reglas rígidas en cuanto al tamaño de la familia. Más bien, en las decisiones sobre el tamaño de la familia, los esposos

tratarán de formarse un recto juicio, mirando no sólo a su propio bien, sino al bien de los hijos, nacidos o posibles, considerando para eso las condiciones materiales o espirituales de cada tiempo o de su estado de vida, y, finalmente, teniendo siempre en cuenta los bienes de la comunidad familiar, de la sociedad temporal y de la misma Iglesia (*Gaudium et Spes*, 50).

Este concepto es muy amplio y es necesario entenderlo en el contexto del mismo documento citado anteriormente. Aproximadamente tres años después de concluido el Concilio Vaticano II, el Papa Pablo VI promulgó la carta encíclica *Humanae Vitae* en la que se indica la necesidad de que haya "graves motivos" (H.V., 10), "serios motivos", "razones honestas y serias", "razones plausibles" y "motivos justos" (frases tomadas todas de *H.V.*, 16).

¿No existe un problema de superpoblación y no justifica eso el control de la natalidad?

El problema de población que tiene el mundo occidental es que la tasa de natalidad está por debajo del nivel de remplazo; Irlanda ha sido la única excepción. En Europa esto ha creado dependencia de la inmigración para mantener las industrias en operación.

La medida en que una extensa o creciente población pueda crear problemas en algunas partes del mundo es a lo que se refieren "bienes . . . de la sociedad temporal" y "circunstancias exteriores" en los textos citados de Vaticano II y *Humanae Vitae*.

Los proponentes de la "bomba poblacional" de finales de los años sesenta y sus sombrías previsiones han quedado completamente desacreditados por los acontecimientos, pero mantienen un control casi monopolístico sobre los medios de comunicación social. Para una visión equilibrada, es necesario leer las obras que se mencionan en las referencias que aparecen al final de este capítulo2.

¿Por qué la Iglesia se opone a los métodos no naturales para el control de la natalidad?

La razón básica por la que la Iglesia se opone a cualquier tipo de acto que sea pecaminoso es porque el mismo es contrario a la naturaleza con la que fuimos creados por Dios.

El significado y propósito del acto sexual se deriva de la naturaleza del matrimonio y de nuestra naturaleza humana creada. Dios quiso que el acto sexual fuera exclusivamente un acto conyugal, y lo que Jesús dijo sobre el matrimonio se aplica también al acto sexual: "Lo que Dios unió, no lo separe el hombre" (Mc 10, 9). En otras palabras, "si Dios ha unido el acto conyugal y la procreación, que nadie lo separe".

Piensa en esto por un momento. ¿Quién unió en un solo acto ambas cosa: lo que llamamos "hacerse el amor" y "hacer bebés"? ¿Quién sino Dios? En esencia, la mentalidad anticonceptiva es la siguiente: "Podemos separar lo que Dios unió". La Iglesia continúa recordándonos que no tenemos derecho a ello.

Fijémonos en lo que ha sucedido en Estados Unidos con la cultura anticonceptiva. Primero, en los años veinte y treinta se hacía más generalizada en la sociedad la aceptación de la contracepción, primero entre los no religiosos y luego entre los protestantes. (Los católicos, por lo general, acataban la doctrina de la Iglesia hasta finales de los años sesenta cuando se unieron al coro de la contracepción y en alto grado). En consecuencia, esta mayor aceptación de separar lo que Dios ha unido llevó a una aceptación más amplia del divorcio para volver a casarse. De ahí se ha llegado a negar que Dios unió el matrimonio y el sexo, o sea, que Dios haya querido que el acto sexual sea exclusivamente un acto conyugal y como consecuencia, presenciamos la revolución sexual en acción desde los años sesenta hasta el presente. Además, tras haber separado la procreación de las relaciones conyugales, y el sexo del matrimonio, en las décadas de los ochenta y noventa, la cultura occidental ha aceptado la sodomía homosexual como simplemente otro estilo de vida, pues la cultura occidental ha perdido de vista la base sobre la cual juzgar la moralidad objetiva de la actividad sexual. Después de todo, puede argumentar un sodomita, el único propósito de la contracepción es hacer las relaciones conyugales tan estériles como la copulación entre sodomitas homosexuales.

Finalmente, consideremos el inmenso dolor y sufrimiento humano causado por la revolución sexual que comenzó esencialmente con la aceptación de la contracepción. Casi todas las semanas se puede leer un nuevo informe que relata los desastrosos efectos de la revolución sexual, ya sea un mayor reconocimiento de los daños psicológicos producidos en los niños por el divorcio y la deserción, el contagio de el virus del SIDA, el aumento en infertilidad, o el aborto.

Es tan obvio que cualquiera lo puede reconocer: los Mandamientos son para nuestro beneficio, no el de Dios. La Iglesia católica se tiene que oponer a los métodos no naturales para el control de la natalidad porque tiene el sagrado deber de proclamar los Mandamientos como parte del amor de Dios para con nosotros.

¿Cuál es el número ideal de hijos?

La Iglesia no nos dice nada sobre el número ideal de hijos. Como ya hemos indicado, los matrimonios pueden tomar muchos factores en consideración. Por otro lado, como cristianos, no podemos basar las decisiones sólo en factores materialistas. La vida es un don de Dios que debemos compartir, y a la pareja cristiana se le llama a ser generosa en el servicio a la vida de acuerdo con sus propias circunstancias.

Por ejemplo, el Papa Juan Pablo II nos ha dicho que

las desiciones acerca del número de hijos y los sacrificios que se harán por ellos no deben tomarse solamente para añadir mayor comodidad con la visión de preservar la paz existencial. Reflexionando ante Dios sobre este asunto, con las gracias que vienen del Sacramento, y guiados por la

enseñanza de la Iglesia, los padres recordarán cada vez que
es ciertamente menos grave el negar a sus hijos comodidad
material que el privarlos de la presencia de hermanos o
hermanas que puedan ayudarles a crecer en humanidad y
a reconocer la belleza de la vida en todas las edades y
en toda su diversidad. (Misa en Washington, 1979)[3].

En fin, el matrimonio se trata de la familia, no del egoísmo mutuo. La
vida es un gran don para compartir generosamente, pues los hijos son llamados
a vivir con Dios — con Dios y con los padres — por toda la eternidad. En
definitiva, en el Evangelio de Jesús no podemos encontrar nada que indique
que sentirse cómodos es un criterio en que basar un juicio moral, de modo
que puede concluirse con seguridad que, excepto en raras circunstancias, se
nos llama a tener hijos más allá del número que nos sería cómodo. El mejor
consejo es no fijar ningún número — ya sea dos o diez — en los primeros
años de matrimonio. Más bien, decidan mantenerse abiertos al llamado del
Señor y tomen las decisiones juntos a lo largo de su vida matrimonial. Si,
conscientemente, están educando a sus hijos en el camino del Señor, encontrarán mayores alegrías en su familia que las que se pueden encontrar en las
de las familias secularizadas.

¿Qué enseña la Iglesia sobre los métodos para el control de la natalidad?

Los padres conciliares del Vaticano II nos enseñan los principios que
han de utilizarse:

Cuando se trata de conjugar el amor conyugal con la
responsable transmisión de la vida, la índole moral de la
conducta no depende solamente de la sincera intención y
apreciación de los motivos, sino que debe determinarse con
criterios objetivos tomados de la naturaleza de la persona y
de sus actos, criterios que mantienen íntegro el sentido de la
mutua entrega y de la humana procreación en un contexto de
auténtico amor; lo cual no puede hacerse si, con sinceridad,
no se cultiva la virtud de la castidad conyugal.

En la regulación, pues, de la procreación no les está
permitido a los hijos de la Iglesia, en virtud de estos
principios, seguir unos métodos que el Magisterio, al
explicar la ley divina, no aprueba (*Gaudium et Spes*, 51).

¿Enseña la Iglesia que los medios no naturales o artificiales para el control la natalidad son inmorales y pecaminosos?

Sí. *Humanae Vitae*, menciona primero al aborto como una forma inmoral de controlar la procreación (n. 14).

Luego pasa a condenar la ligación de las trompas, la vasectomía y la "píldora":

> Hay que excluir [de las vias lícitas] como el Magisterio de la Iglesia ha declarado muchas veces, la esterilización directa, perpetua o temporal, tanto del hombre como de la mujer (H.V., 14).

El texto continúa condenando como inmoral toda otra forma no natural de controlar la natalidad. Esto incluye la píldora, el dispositivo intrauterino (DIU), espumas, diafragmas, preservativos (condones), coito interrumpido, masturbación mutua o propia, y prácticas sodomitas:

> Queda además excluida toda acción que, o en previsión del acto conyugal, o en su realización o en el desarrollo de sus consecuencias naturales, se proponga, como fin o como medio hacer imposible la procreación (*H.V.*, n, 14).

¿Son peores unos que otros métodos no naturales para el control de la natalidad?

Sí. A los métodos cuya acción tiene lugar después que se haya concebido y que previenen el desarrollo normal del embarazo se le suma la maldad del aborto.

> La vida, desde su misma concepción, se ha de proteger con sumo cuidado; el aborto y el infanticidio son crímenes nefastos (*Gaudium et Spes*, 51).

El aborto quirúrgico es el más obvio, pero no es el único. El DIU actúa como agente abortivo en los primeros días del embarazo al prevenir la implantación de una vida humana de a penas siete días[4].

La píldora anticonceptiva y los implantes como Norplant hacen el endometrio (el interior del útero) hostil para la implantación. No se conoce con certeza cuán a menudo la píldora o los implantes tienen efectos abortivos (actúan como agentes causantes del aborto), pero no se puede negar que tanto la píldora como el implante pueden causar un aborto del óvulo fertilizado en cualquier ciclo de cualquier mujer. Un investigador para el control de la natalidad encontró evidencia sólida de que en un 4,7% de los ciclos la píldora de dosis baja permite la ovulación. Si se aplica la tasa estándar de probabilidad de concepción (0,25 por ciclo) a esa tasa de ovulación, los 13,8 millones de mujeres en Estados Unidos que toman la píldora (1988) inducirán 2,1 millones de abortos prematuros al año, número mucho mayor que el de abortos quirúrgicos violentos[5].

¿Y qué de los métodos naturales de planificar la familia?

Como se ha dicho ya, la Iglesia explícitamente nos enseña que está moralmente permitido practicar la planificación natural de la familia si se tienen suficientes motivos serios para evitar el embarazo. Al usar esa cualificación, la Iglesia nos previene sobre el egoísmo al decidir limitar el número de hijos.

¿Debemos aprender cómo practicar la planificación natural de la familia?

Definitivamente que sí, no importa lo que piensen ahora sobre el número de hijos. El Papa Juan Pablo II nos dice que por medio del conocimiento informado sobre su fertilidad,

> "Dios creador invita a los esposos a que no sean ejecutores pasivos, sino más bien 'cooperadores y como intérpretes' (*Gadium et spes*, 50). Porque están llamados, en el respeto del orden moral objetivo establecido por Dios, a efectuar un insustituible discernimiento de los signos de la voluntad de Dios sobre su familia. De este modo, en relación con las condiciones físicas, económicas, psicológicas y sociales, 'la paternidad responsable se pone en práctica ya sea con la deliberación ponderada y generosa de tener una familia numerosa, ya sea con la desición, tomada por graves motivos y en el respeto de la ley moral, de evitar un nuevo nacimiento durante algún tiempo o por tiempo indefinido' (*Humanae Vitae*, 10)".[6]

En resumen, los esposos tienen la obligación de discernir la voluntad de Dios para ellos en lo que concierne a su familia. ¿No están entonces obligados a aprender sobre su fertilidad mutua para poder poner en práctica la voluntad de Dios? Aunque quieran tener una familia grande, deben de todas maneras aprender sobre su fertilidad; necesitan saber cuándo abstenerse si la esposa está tomando un medicamento que puede causar daño al bebé que se desarrolla en el vientre, etc. También tienen que aprender sobre la lactancia "ecológica", que es una forma de espaciar el nacimiento de los hijos aproximadamente cada dos años, el plan original y excelente de Dios. (Más sobre este tema en el capítulo siguiente.)

Si tanto los métodos naturales como los no naturales para controlar la natalidad tienen el mismo fin de limitar el número de hijos, ¿No son moralmente iguales?

De ninguna manera. El fin no justifica los medios; un propósito común no hace moralmente iguales todos los medios posibles de conseguirlo. "No es lícito, ni aun por razones gravísimas, hacer el mal para conseguir el bien" (*H.V.*, 14).

Un propósito primordial de los Diez Mandamientos es enseñarnos que no podemos actuar contra nuestra naturaleza en la búsqueda de un fin o un placer. Por eso, no podemos matar ni robar ni cometer adulterio — o practicar la contracepción — para beneficio propio. La Iglesia nos enseña que nuestro esfuerzo por regular la natalidad "debe hacerse respetando el orden establecido por Dios" (*H.V.*, 16).

El siguiente ejemplo puede ayudar a comprender este punto. A una pareja le gustaría vivir en una buena casa que les costaría mucho pagar. ¿Justificaría ese deseo que él ganara dinero inmoralmente en el tráfico de drogas o que ella lo hiciera mediante la prostitución? Claro que no. Cualquiera con un poco de sentido sobre la moralidad puede reconocer que no se puede actuar de esa forma malvada para conseguir la casa soñada más rápidamente, contrario a, si lo hicieran mediante el ahorro frugal de ingresos provenientes del trabajo arduo y honesto. Cualquiera que tenga algún concepto de la moralidad puede ver que el principio de "el fin no justifica los medios" se aplica en este caso. Asimismo, también se aplica a los varios métodos para el control de la natalidad.

¿Cómo se considera la contracepción desde la perspectiva de la alianza conyugal?

En el acto matrimonial — es decir, en el acto sexual, normal, completo — la unión corporal de los esposos simboliza la unidad de la entrega mutua que crearon cuando se casaron. Sin embargo, en toda forma de contracepción hay positivamente el esfuerzo de retener esa entrega de sí. Esto contradice la naturaleza de la alianza conyugal, lo que explica por qué la tasa de divorcio es más alta entre las parejas que practican la contracepción.

Considere su alianza matrimonial; considere cómo va a prometer su amor diligente y fidelidad, en la prosperidad y en la adversidad, "hasta que la muerte nos separe". Entonces considere cómo Dios quiere que el acto sexual sea al menos implícitamente una afirmación, una renovación, de esa alianza conyugal. Por último, considere lo que dice el lenguaje de la contracepción: "Yo te tomo para la prosperidad pero no para lo que podría ser la adversidad de un posible embarazo".

¿En que pararía tu matrimonio si el día de la boda dices: "Te recibo en la prosperidad pero no en la adversidad"? Simplemente no sería un matrimonio. Se declararía inválido; sería deshonesto y por lo tanto inmoral llevar a cabo "relaciones conyugales" porque no estarían casados. Por las mismas razones, los medios artificiales para el control de la natalidad hacen las relaciones conyugales inválidas como renovación de la alianza conyugal. En resumen, las relaciones conyugales anticonceptivas son deshonestas; pretenden ser un verdadero acto marital que no son. No respetan la verdadera naturaleza del matrimonio y esa es posiblemente la razón más básica de la Iglesia para enseñar — y continuar enseñando — que es inmoral para los casados usar métodos artificiales para el control de la natalidad.

¿Existe una base bíblica para la doctrina de la Iglesia en materia de contracepción?

Si; en el capítulo 38 del Génesis se encuentra la historia de Judá, sus hijos y Tamar. Uno de sus hijos, Onán, practicaba la contracepción — en su caso coito interrumpido — con Tamar, y la Biblia nos dice que Dios lo mató porque había hecho algo abominable (Gn 38, 10).

Se conoce ahora que Judá, Onán y un hermano menor violaron una antigua costumbre oriental de hermandad llamada la "ley del levirato" (Dt 25, 5–6). (Si un hombre moría sin tener hijos, su hermano tenía que tomar a la viuda por esposa, y el primer hijo se consideraba hijo del difunto para así mantener su nombre vivo.) Sin embargo, como nos señala Deuteronomio 25, 7–10, el castigo por incumplir esa ley era de poca severidad. Judá mismo admitió su culpa (Gn 38, 26). Por lo tanto está claro que el castigo severo de Onán no se debió a la violación del la ley del levirato sino al pecado que sólo él había cometido: su comportamiento contraceptivo de proceder con el acto de la alianza matrimonial "pero derramaba a tierra" (Gn 38, 9).

Esta interpretación está apoyada por sólo un incidente en el Nuevo Testamento en que la muerte inmediata es el castigo del pecado, la muerte de Ananías y Safira que hicieron un acto de donación pero defraudaron su significado (Hch 5, 1–11).

¿Hay más referencias bíblicas al control de la natalidad?

Probablemente sí. En el Nuevo Testamento, la palabra griega "pharmakeia" es posible que se refiera al control de la natalidad. En general "pharmakeia" era preparar elíxires con fines secretos, y se sabe que en el primer siglo de la era cristiana se preparaban elíxires para prevenir o detener un embarazo, como se hace con la píldora hoy día. La traducción típica que se le da a esta palabra, "hechicería", no revela todas las prácticas específicas condenadas en el Nuevo Testamento. En los cuatro pasajes en que se encuentra, siempre aparece en conjunto con la condenación de la conducta inmoral sexual (Ga 5, 19–26; Ap 9, 21; 21, 8; 22, 15; tres de estos pasajes también condenan el asesinato). Así que es posible que estos cuatro pasajes condenen el uso de la "pharmakeia" con fines de controlar la natalidad. El eminente padre John F. Hardon, S.J., dice así:

> Dado el extenso uso de la contracepción en el primer siglo de la era cristiana, a lo que eufemísticamente se llama "usar magia" y "usar drogas", es lógico encontrar en la prohibición del Nuevo Testamento de la magia y la pharmakeia una condenación implícita de la contracepción y esto especialmente cuando el contexto se refiere a pecados contra la castidad[7].

¿Dice algo la Biblia sobre el amor humano y el sexo?

Claro que sí. Simplemente no cabe duda de que el concepto bíblico total sobre el amor humano apunta al hecho de que el hombre y la mujer son llamados a subordinar el "eros", el amor romántico o erótico, al "ágape", amor de entrega de sí. Aunque no se refiera directamente al tema del control de la natalidad, las palabras más famosas de San Pablo sobre el amor se aplican sin embargo a este tema. Es de notar que él comienza y termina con dos aspectos del amor que son tan necesarios en el matrimonio así como para la práctica feliz de la planificación natural de la familia. "El amor es paciente, es servicial . . . Todo lo espera . . . Todo lo soporta" (I Co 13, 4; 7, traducción de la Biblia de Alonso Schökel y Mateos). A los maridos cristianos también se les dice que tienen que amar a su mujer como Cristo ama a la Iglesia y se sacrificó por ella (Ef 5,25). La noche antes de su muerte, Cristo nos pidió a todos sus discípulos que nos amemos los unos a los otros como Él nos ama, una amonestación que deja bien clara la necesidad de nuestra entrega en el amor (Jn 15, 12). San Pablo también dice a sus oyentes que los frutos del Espíritu son "amor, alegría, paz, paciencia, afabilidad, bondad, fidelidad, mansedumbre, dominio de sí". Nos recuerda que no podemos ser verdaderamente de Cristo si no hemos "crucificado la carne con sus pasiones y sus apetencias" (Ga 5, 22–24).

Lo anterior es incompleto pero puede aplicarse a un fin limitado. Legitima la afirmación de que la doctrina religiosa que no permite la contracepción en el matrimonio, tiene base en la Sagrada Escritura y que la práctica de la planificación natural de la familia que requiere cierto control de nuestros deseos sexuales tiene cabida en la tradición bíblica cristiana.

¿No convendría que la Biblia condenara más explícita y frecuentemente la contracepción?

En realidad, no. La falta de múltiples referencias no es problema alguno para el que tenga sentido de realismo en lo que Dios nos dice en la persona de Cristo y que también entienda lo que está sucediendo hoy en día. Tal persona es consciente de que la Biblia no puede ser más explícita en su condena de la homosexualidad y la sodomía (por ejemplo, Rm 1, 26–32) y sabe que los que tratan de justificar la sodomía simplemente repudian esos textos bíblicos como no aplicables a la situación actual o interpretan a San Pablo en el sentido de que se refería a la sodomía "promiscua", a pesar de que el Apóstol no hace esa distinción. Aunque la Biblia estuviera repleta de condenas explícitas del aborto, la esterilización y la contracepción, lo mismo harían al interpretar esos textos los que tratan de justificar ese tipo de comportamiento declarándolo compatible con la Biblia.

Este repudio de los textos comprometedores o su anulación por medio de la interpretación nos ayudan a comprender la fe de la Iglesia Católica Romana de que Jesús no nos dejó sólo un libro sujeto a la interpretación personal y a veces contradictoria de cada uno, sino que también instituyó su Iglesia como magisterio con autoridad y bajo la guía del Espíritu Santo. A la enseñanza permanente de la Iglesia sobre materia de fe y moral llamamos Tradición.

El libro cristiano no bíblico más antiguo se titula Didajé ("Las enseñanzas de los doce apóstoles") y data del primer siglo. El padre Hardon señala:

> La Didajé que explícitamente condena el aborto, también condena la contracepción implícitamente. Mediante los siguientes preceptos se amonestó a los primeros cristianos: "No practicarás magia ni hechicería. No matarás al hijo en el vientre de la madre ni al recién nacido" (II,2)[8].

¿Es nueva la doctrina cristiana contra las formas no naturales para el control de la natalidad?

No. La cuestión del control de la natalidad ha salido a colación muchas veces en los 20 siglos de cristianismo, y la Iglesia siempre ha mantenido su posición en contra del aborto, la esterilización y todas las formas no naturales para controlar la natalidad. Hasta hace poco, la palabra utilizada para referirse a todo tipo de contracepción era "onanismo", tomada del pecado de Onán. En 1968, la encíclica Humanae Vitae simplemente reafirmó esta Tradición universal.

¿Tiene esta enseñanza permanente algún significado especial?

Sí. En la Última Cena, Jesús prometió repetidamente que el Espíritu Santo guiaría a su Iglesia hacia la verdad completa (capítulos 14-17 del Evangelio según San Juan). Cuando una doctrina se ha enseñado con tal unanimidad y constancia durante tantos siglos, los que creen en Cristo tienen toda razón para creer que tal doctrina viene del Espíritu Santo y es por lo tanto verdadera. Algunos teólogos están convencidos que esa permanencia llena los requisitos del Vaticano II en cuanto a que sea doctrina a la cual se aplica la infalibilidad del magisterio ordinario universal de la Iglesia[9].

¿Han compartido las iglesias protestantes esta tradición?

Sí. Martín Lutero llamo al onanismo una forma de sodomía, Calvino lo calificó como una forma de homicidio, John Wesley dijo que los que practicaran alguna forma no natural para la regulación de la natalidad perderían su alma[10]. La profunda convicción de los protestantes se observa en el hecho de que las leyes de Estados Unidos en la década de 1870 que regulaban la contracepción fueron decretadas por una legislatura mayormente protestante para una población básicamente protestante.

Antes de 1930, ninguna iglesia protestante aceptaba la contracepción, la esterilización o el aborto. El 14 de agosto de 1930, la Iglesia de Inglaterra se separó del resto en cuanto a esa unanimidad de doctrina y fue la primera en aceptar formas no naturales para regular la natalidad; y luego muchas, aunque no todas las denominaciones protestantes, desafortunadamente han seguido ese camino. Repito, que hasta el 1930, tanto la Iglesia católica como las protestantes mantenían la doctrina de que las formas no naturales para regular la natalidad eran inmorales.

¿Han aceptado también el aborto las iglesias que aceptaron la contracepción?

Sí, y esto es trágico. Muchas de las denominaciones que aceptaron la contracepción han pasado a decir que es aceptable que un cristiano mate a sus hijos por nacer.

¿Tienen las religiones no cristianas doctrinas similares sobre la regulación de la natalidad?

Es difícil identificar doctrinas morales específicas en algunas religiones del mundo que no son cristianas. Sin embargo, no cabe duda de que el más famoso hindú de los tiempos modernos, Mahatma Gandhi, se oponía totalmente a las formas no naturales para control de la natalidad. Ghandi hizo un llamado al dominio de sí mismo, y sus planteamientos de los años veinte son similares a lo que enseña *Humanae Vitae* en 1968.

¿Qué se puede decir de los sacerdotes y teólogos que parecen confundidos o que no aceptan la enseñanza oficial de la Iglesia?

Es necesario distinguir entre la doctrina auténtica de la Iglesia y las enseñanzas de algunos teólogos. En 1973 los obispos canadienses respondieron a esta pregunta con una declaración sobre la formación de la conciencia (Statement on the Formation of Conscience).

> "Para obedecer nuestra conciencia" y seguir siendo Católico, uno tiene que tomar en cuenta primero y principalmente el magisterio. Cuando surge un conflicto entre "mi" punto de vista y los del magisterio, la presunción de la verdad recae sobre el magisterio. [El magisterio es la autoridad doctrinaria oficial de la Iglesia: el Papa y los obispos unidos a él.] . . . Y esto tiene que separarse de las enseñanzas individuales de algunos teólogos o sacerdotes, no importa cuán inteligentes o persuasivos puedan ser[11].

¿Hubo alguna vez tanta confusión?

Sí. Este no es el lugar adecuado para contar esta historia, pero se pueden mencionar los problemas que surgieron en los siglos 16 y 17 cuando los teólogos formularon un sin fin de herejías morales en ambas direcciones, laxismo y rigorismo.

¿Han afirmado los obispos de todo el mundo las enseñanzas de *Humanae Vitae*?

Sí, con la excepción de un pequeño número de jerarcas, todas las conferencias nacionales de obispos que ofrecieron comentarios sobre *Humanae Vitae* la han afirmado. Inclusive en los casos en que no se ofreció respaldo positivo, no hubo divergencia de opinión en cuanto a las enseñanzas de la encíclica.

En los Estados Unidos, los obispos reafirmaron la Tradición tan pronto *Humanae Vitae* vio la luz[12]; de nuevo en un documento específicamente dedicado a la pastoral moral[13], y nuevamente en un importante documento sobre la enseñanza religiosa[14].

¿Qué nos dice el Papa Juan Pablo II?

El Papa Juan Pablo II concentró los esfuerzos de su magisterio durante los diez primeros años de pontificado (1978–1988) en enseñar la verdad sobre el amor. Por su forma de comunicación y la frecuencia de sus afirmaciones no cabe lugar a duda que esta doctrina cumple todos los criterios del Vaticano II y tiene que aceptarse por todos los creyentes católicos[15].

Resumen

Jesús ofreció su vida como sacrificio para que todos podamos gozar de la vida eterna con Él y a través de todo el Evangelio nos enseña que el amor no es siempre fácil. Nos enseña que en el matrimonio el marido y la mujer están llamados a amarse hasta que la muerte los separe. Sorprendió a los que lo seguían cuando enseñó que el divorciarse y contraer matrimonio de nuevo es adulterio, como ya hemos estudiado en el capítulo 4. En la Última Cena nos dio un nuevo mandamiento, uno que la mayoría de nosotros encontramos muy difícil de cumplir: "Que como yo os he amado, así os améis vosotros los unos a los otros" (Jn 13, 35). Y todo esto es la verdad divina sobre el amor humano.

La Iglesia católica permanece firme en su doctrina de que todo uso de métodos no naturales para el control de la natalidad es inmoral, ya que defrauda el acto conyugal de su significado, separando lo que Dios ha unido. Esto también es parte integral de la verdad divina sobre el amor humano.

Contesten verdadero o falso y discutan juntos:

1. V   F   El Concilio Vaticano II reafirmó que por naturaleza el matrimonio tiene como fin la procreación y educación de la prole.

2. V   F   La Iglesia nos enseña que una pareja tiene que tener motivos suficientemente serios para evitar el embarazo mediante la planificación natural de la familia.

3. V   F   La Iglesia nos enseña que la esterilización u otro medio no natural para la regulación de la natalidad, no importa la razón, es inmoral, o sea, pecado.

4. V   F   La píldora anticonceptiva a veces funciona como un agente abortivo en los primeros días del embarazo.

5. V   F   La planificación natural de la familia es diferente de los métodos no naturales para el control de la natalidad ya que la primera no se opone a la naturaleza humana creada por Dios.

6. V   F   Al hacer uso de métodos no naturales para el control de la natalidad la pareja se está diciendo "Te recibo en la prosperidad pero no en la imaginable adversidad de un posible embarazo", y por tanto se contrapone al significado del sexo en el matrimonio.

7. V   F   La enseñanza cristiana en materia de métodos no naturales para el control de la natalidad ha sido la misma a través de los siglos.

8. V   F   Antes de 1930, ninguna iglesia cristiana había aceptado la contracepción como moralmente aceptable.

Referencias

1. Papa Pablo VI, carta encíclica titulada *Humanae Vitae* 25 de julio de 1968. Las referencias son a las secciones numeradas del texto oficial.

2. Jacqueline Kasun, *The War Against Population: The Economics and Ideology of World Population Control* (San Francisco: Ignatius Press, 1988) 225 págs. Asimismo: *Population Research Institute Review*, publicación bimestral de Population Research Institute, P.O. Box 2024, Baltimore, MD 21298-9559, EE.UU.; y J. Richard Neuhaus, *In Defense of People* (Nueva York: Mcmillan, 1971).

3. Homilía del Papa Juan Pablo II en el Washington Mall, EE.UU., el 7 de octubre de 1979.

4. *The Pill and the IUD: Some Facts for an Informed Choice* (Cincinnati: Couple

to Couple League, 1980).

5. Paul Weckenbrock, R.Ph., *The Pill: Is It Safe? How Does It Work?* (Cincinnati: Couple to Couple League, 1993).

6. "La responsabilidad ante el amor es inseparable de la responsabilidad ante la procreación", *L'Osservatore Romano*, 21 de diciembre de 1990, n. 51.

7. John A. Hardon, S.J., *The Catholic Catechism* (Nueva York: Doubleday, 1975), pág. 367.

8. John A. Hardon, S.J., pág. 367.

9. En cuanto a los diversos argumentos sobre la infalibilidad de la doctrina de *Humanae Vitae*, véase John F. Kippley, *Sex and the Marriage Covenant: A Basis for Morality* (Cincinnati: Couple to Couple League, 1991), págs. 148-169.

10. Charles D. Provan, *The Bible and Birth Control* (Monongahela, PA 15063: Zimmer Printing, 1989), págs. 81, 68, 91.

11. Conferencia Católica Canadiense, *Statement on the Formation of Conscience*, n. 41, 12 de diciembre de 1973.

12. Conferencia Nacional de Obispos Católicos de Estados Unidos (NCCB, por sus siglas en inglés), *Human Life in Our Day*, 15 de noviembre de 1968.

13. NCCB, *To Live in Jesus Christ*, 11 de noviembre de 1976, nn. 45–49.

14. NCCB, *Sharing the Light of Christ*, 1979, nn. 105b, 131.

15. En el capítulo 6 del libro de John J. Kippley, *Sex and the Marriage Covenant*, se puede encontrar una reflexión más profunda de la enseñanza del Papa Juan Pablo II sobre el control de la natalidad.

Las respuestas del cuestionario son todas verdadero.

9. Planificación natural de la familia

En su Providencia, Dios nos a dado medios para la regulación natural de la natalidad que se adaptan a nuestras necesidades. Desde la creación de la primera familia, la lactancia ha servido de ayuda para espaciar el nacimiento de los hijos. Además recientemente, se han desarrollado otros métodos naturales más sistemáticos.

¿Qué es la planificación natural de la familia?

La planificación natural de la familia (PNF) se refiere generalmente a la práctica de posponer o buscar el embarazo mediante el conocimiento informado de los períodos fértiles e infértiles de la mujer. También se refiere a espaciar el nacimiento de los hijos practicando la llamada "lactancia ecológica", mediante el amamantamiento.

¿Cuál es el fundamento científico de la PNF sistemática?

Se conoce muy bien que durante cada ciclo menstrual la mujer normalmente tiene unos días en que es fértil y luego entra en un período de infertilidad natural. Durante los días fértiles es cuando el acto sexual puede tener como resultado el embarazo. El cuerpo de la mujer presenta cierta evidencia física que indica los períodos fértiles e infértiles.

Uno aprende en primaria o en secundaria que la esencia del método científico es la observación sistemática y la anotación de los fenómenos que tienen lugar. Esa es precisamente la razón por la que la PNF es el único método científico para planificar la familia. La mujer observa brevemente y anota cada día sus señales de fertilidad e infertilidad.

¿Cuáles son las señales de fertilidad e infertilidad?

Las señales más usadas son el flujo normal de mucosidad cervical y los cambios de la temperatura de la mujer al despertar. Otras señales son cambios físicos del cuello del útero y una molestia en el área de los ovarios a la que llamamos "dolor de ovulación".

La mucosidad cervical es la forma que la naturaleza ofrece para que el espermatozoide del hombre llegue hasta el óvulo de la mujer. El flujo cervical de la mujer comienza unos días antes de la ovulación; es una señal muy positiva de que el período fértil ha comenzado. Alrededor del momento de la ovulación, el flujo cervical puede ser abundante y tener una consistencia parecida a la clara del huevo. Luego de la ovulación, la mucosidad normalmente desaparece.

La temperatura de la mujer al despertar es más baja antes de la ovulación pero sube un poco de manera apreciable después de la ovulación. Una temperatura elevada por varios días (al mismo tiempo en que el flujo va desapareciendo), es un indicador muy positivo de que ha comenzado el período infértil.

¿En qué consiste el Método Sintotérmico para la panificación natural de la familia?

El Método Sintotérmico es un sistema que utiliza el flujo de mucosidades y la temperatura como señales que se confirman una a la otra para ofrecer mayor confianza y fiabilidad en la planificación de la familia. Muchas mujeres también se guían por otras señales tales como, los cambios que sufre el cuello del útero y el "dolor de ovulación".

¿En qué consiste el Método de Ovulación para la planificación natural de la familia?

El Método de Ovulación es un sistema que se guía sólo por el flujo de mucosidades. También usa una sola forma de observar la mucosidad cervical. Aunque no brinda la posibilidad de utilizar otras indicaciones que puedan confirmar la observación, en el caso de muchas mujeres funciona muy bien; es el método preferido en las partes del mundo donde resulta casi imposible o muy difícil conseguir termómetros.

¿En qué consiste el Método del Ritmo?

El Método del Ritmo, llamado también Método de Ritmo Calendario, se desarrolló en los años treinta. Se basa en la observación científica de los años veinte sobre la relación de tiempo entre la ovulación y el comienzo del siguiente período menstrual, pero se basa sólo en promedios generales y la observación de períodos pasados, no los actuales. Por lo tanto no era un método científico basado en observaciones actuales como lo hacen los métodos modernos, el Sintotérmico y el de ovulación. Era el modelo de PNF de los años treinta, y hemos progresado mucho desde entonces.

¿Funciona la PNF con los ciclos irregulares?

Sí. La PNF moderna tiene en cuenta que las mujeres tienen períodos irregulares por lo menos algunas veces. En general, si el período fértil comienza antes o después de lo usual, la mujer lo sabe porque el flujo cervical comienza antes o después de lo normal.

¿Requiere la PNF que se le dedique mucho tiempo?

No. El Método Sintotérmico de la PNF requiere sólo unos minutos para que la mujer se tome la temperatura cuando despierta en la mañana. ¿Qué mejor momento para hacer sus oraciones matutinas? Durante el día dedica un momento de vez en cuando para observar su mucosidad cervical. Su marido anota un punto en la gráfica para indicar la temperatura y por la noche ella anota un símbolo que indica la presencia o ausencia de flujo cervical. Este simple proceso les ofrece una visión diaria de su fertilidad.

La PNF: segura, saludable y efectiva. ¿Qué significa esto?

Segura: La planificación natural de la familia no usa ningún dispositivo o droga. Toda droga puede tener efectos secundarios y debe tomarse sólo cuando sea necesaria para curar una enfermedad, etc. Pero la fertilidad es un proceso normal, no es una enfermedad. Las píldoras anticonceptivas y los implantes son drogas innecesarias y la mayor parte de los dispositivos intrauterinos (DIU) se retiraron del mercado en Estados Unidos por los pleitos legales relacionados a su uso. Además, algunos doctores han establecido una relación entre los espermicidas y los defectos congénitos.

Saludable: La PNF mejora la salud. Mediante las observaciones anotadas en el gráfico, la mujer se hace más consciente de su ciclo menstrual normal y de su período fértil. Algunos tipos de irregularidades en el ciclo pueden servirle de aviso sobre algún problema subyacente y así procurar ayuda médica en una etapa temprana.

Efectiva: Numerosos estudios, inclusive uno realizado por el gobierno de Estados Unidos, han demostrado que el Método Sinto-térmico de la PNF puede usarse para evitar el embarazo, con una tasa de efectividad del 99%[1]. Esto es igual a la efectividad de la píldora y mejor que cualquier método de barrera.

¿Puede ayudar la PNF a *lograr* el embarazo?

Sí. La pregunta puede parecerles irrelevante ya que la mayor parte de las parejas de novios y recién casados se consideran muy fértiles y piensan que podrán tener un hijo en cualquier momento que se lo propongan. Eso no es así necesariamente. El número de parejas infértiles ha aumentado desde la era de la píldora; algunas parejas son absolutamente infértiles; otras lo son sólo marginalmente. La PNF puede ayudar a engendrar un hijo de tres formas:

1. No se daña la fertilidad dado que no se usan productos químicos ni dispositivos.

2. Mediante la PNF se pueden hacer más conscientes de cuáles son los

días más fértiles en el período completo fertilidad, y se puede aprender a aumentar la fertilidad mutua.

3. En la mujer marginalmente fértil, las gráficas de sus ciclos pueden revelarle ciertos patrones que pueden contribuir a la infertilidad, la cual muchas veces puede corregirse por medio de una mejor nutrición. Muchas parejas con fertilidad marginal se pueden ayudar con el adiestramiento en PNF para poder conseguir esos embarazos tan deseados y las gráficas de las que puedan necesitar ayuda médica pueden ser útiles a un médico capacitado.

¿Puede la lactancia espaciar el nacimiento de los hijos?

Sí. En todo el mundo se posponen más embarazos a través de la lactancia que mediante cualquier otro esfuerzo consciente de regular la natalidad. Pero esto es cierto sólo cuando la madre practica una forma muy natural de cuidar a su bebé que se caracteriza por la unión entre la madre y el hijo. A esta se le llama "lactancia ecológica" para distinguirla de la "lactancia cultural" que no ayuda a espaciar el nacimiento de los hijos.

El espacio de tiempo entre el nacimiento de uno y otro hijo cuando se practica la lactancia ecológica puede ser entre 18 y 30 meses; el promedio es de 24 meses. Verdaderamente parece que el Autor de la Naturaleza la diseñó para que las madres estén con sus hijos, disfruten de una relación íntima al amamantarlos y que también disfruten de espaciar naturalmente a los bebés[2].

¿Es la planificación natural de la familia "natural"?

En otras palabras, ¿es natural que los casados practiquen el autocontrol de la sexualidad? Sí. Nadie niega que a veces esto sea difícil, pero esas dificultades no hacen que la continencia periódica "no sea natural". "Natural" significa cumplir con las demandas morales de nuestra naturaleza humana, una naturaleza "creada a imagen y semejanza de Dios". Los Diez Mandamientos son todos algunas veces difíciles de cumplir, pero todos son un reto a comportarnos de conformidad con nuestra naturaleza humana.

¿Requiere la PNF períodos largos de continencia?

Usualmente no. Para algunas parejas el período de abstinencia o continencia es de sólo una semana por ciclo; el promedio parece ser unos 9 o 10 días. Para la mayoría de las parejas no será mayor de los 12 a 14 días de abstinencia, que ha sido practicada por los judíos ortodoxos durante aproximadamente 3.000 años. Con la gracia de Dios y el poder del Espíritu Santo, muchas parejas consideran que la abstinencia de la PNF no es un impedimento sino definitivamente un beneficio para el desarrollo de su vida matrimonial.

¿Cómo afecta la PNF al matrimonio?

El autocontrol de la sexualidad ayuda a desarrollar la intimidad en el matrimonio y por lo tanto, la mayoría de las parejas informan que la PNF tiene un efecto positivo en sus matrimonios. Encuentran que la abstinencia periódica los ayuda a mantener su relación sexual robusta, mejora la comunicación, minimiza la percepción de sentirse usados y da un sentido más profundo de respeto mutuo.

Asimismo, la abstinencia periódica casta ayuda a desarrollar la firmeza de carácter que también es necesaria para la fidelidad y perseverancia en el matrimonio. La tasa de divorcio entre los matrimonios que practican la PNF es muy baja. Esto tiene sentido, porque las parejas que respetan el orden moral natural —el orden que Dios ha dado a la creación— pueden esperar disfrutar de sus beneficios. Estudios sociales conducidos científicamente[3,4], así como otros más informales, demuestran una tasa baja de divorcio de matrimonios que practican la PNF[5], lo que confirma la experiencia dada a conocer por muchas parejas.

¿Así que la PNF construye mejores matrimonios?

Sí, pero no automáticamente. Es raro que los esposos practiquen la planificación natural de la familia por un deseo de mejorar sus relaciones conyugales. Sin embargo, si se proponen poner en práctica la PNF en forma armoniosa, en seguida se dan cuenta de que necesitan comunicarse mejor y de forma más creativa. A muchos les ayuda un librito de la Liga de Pareja a Pareja titulado *Abstinencia Creativa*[6].

Los esposos no se ignoran mutuamente cuando están tratando de evitar las relaciones sexuales; más bien, desarrollan otras formas de expresarse el amor y el afecto, lo que constituye el arte de cortejeo conyugal. Es decir, mantienen vivo el enamoramiento casto antes de casarse que los llevó al matrimonio.

La paz en la conciencia, el no percibirse usados y no tener el temor de los efectos dañinos que tienen algunos de los métodos no naturales, también contribuyen a mejores relaciones matrimoniales.

¿Puede mal utilizarse la PNF?

Claro que sí. Algunas personas de vez en cuando mal utilizan o abusan de algún don de Dios: el buen vino, la comida, el sexo y hasta de los esposos, hijos y amigos. Por eso el Papa Juan Pablo II insiste que se integre la doctrina moral a la enseñanza de los métodos naturales.

Forma parte de la formación integral de los profesores y de las parejas de esposos, para los cuales ha de resultar claro que no se trata de una simple "instrucción" desvinculada de los valores morales propios de una educación para el amor.[7]

¿Es la PNF el "control de la natalidad católico" para los egoístas que se oponen a la vida?

No. El Santo Padre, en la misma homilía, indicó que la instrucción moral correcta

Permite comprender, por último, que no es posible practicar los métodos naturales como una variante "lícita" de una elección de cerrarse a la vida, que sería sustancialmente análoga a la que inspira la anticoncepción: sólo si existe una disponibilidad a la paternidad y a la maternidad, entendidas como colaboración con el Creador, el recurso a los métodos naturales llega a ser parte integrante de la responsabilidad ante el amor y ante la vida.[8].

¿Debemos hablar con un sacerdote sobre nuestros "planes de familia"?

Si no están seguros sobre si tienen motivos suficientemente serios para posponer un embarazo, podría ayudarles mucho hablar sobre su situación con el sacerdote o diácono que los está ayudando a prepararse para el matrimonio. En mi opinión, una gran deuda contraída por los estudios universitarios o el costo muy alto de la vivienda en algunas partes pueden ser para algunas parejas motivo suficientemente serio para posponer un embarazo por algún tiempo. Pero, ¿por cuánto tiempo? Esto es algo difícil y deben tener presente varios principios.

1. El matrimonio es para formar una familia, por lo que sería necesario un motivo suficientemente serio para posponer el embarazo.

2. Mientras mayor sea el período de tiempo que quieran posponer un embarazo, más serios tendrán que ser los motivos. Por ejemplo, una cosa es posponer el embarazo por tres meses para tener la oportunidad de familiarizarse más con las señales de fertilidad. ¿Pero qué hay de continuar posponiendo por uno o dos años o más?

3. Todos estamos en peligro de que se nos nuble la perspectiva cristiana ante el confort materialista que nos rodea y nos seduce. Necesitamos ayuda para ser fieles al Señor, para caminar por la vía angosta con Él, para ver la vida desde esta perspectiva.

4. Una tercera persona que sea imparcial, como puede ser un sacerdote, nos puede ayudar a evaluar nuestras circunstancias y nuestro razonamiento. Un sacerdote también nos puede ayudar a ver si estamos siendo demasiado estrictos con nosotros mismos.

5. Biológicamente, es posible ser menos fértil un año después. Es posible que no se pueda conseguir un embarazo cuando se desee. Muchas parejas se quejan de que sus instructores de PNF no pusieron suficiente énfasis en esto.

6. En mi opinión personal, la PNF debe usarse "lamentándose" de las circunstancias que los lleven a pensar que no sería responsable buscar un embarazo en ese momento en particular.

¿Cómo puedo aprender a usar la PNF?

En muchas parroquias, diócesis y hospitales se ofrecen cursos de planificación natural de la familia, y muchos usan los programas o materiales que ofrece la Liga de Pareja a Pareja (LPP) para la Planificación Natural de la Familia. Además, la Liga tiene un excelente *Curso de Estudio en el Hogar*, para los que no pueden asistir a clases. Se puede obtener más información sobre los materiales y servicios que ofrece la Liga, inclusive los que se ofrecen en su zona, dirigiéndose a LPP, P.O. Box 11184, Cincinnati, OH 45211; teléfono: (513) 471-2000.

Contesten verdadero o falso y discutan juntos:

1. V   F   La planificación natural de la familia (PNF) está basada en el hecho de que el cuerpo de la mujer da señales que indican sus períodos fértil e in fértil.

2. V   F   Los métodos modernos de PNF son más efectivos que el "método del ritmo" desarrollado en los años treinta.

3. V   F   La PNF funciona para las mujeres con ciclos irregulares.

4. V   F   Un gran beneficio de la PNF es que evita los efectos nocivos de las sustancias químicas y los dispositivos utilizados para controlar la natalidad.

5.   V   F   La PNF puede ayudar a las parejas con fertilidad marginal a alcanzar un embarazo.

Referencias

1. Maclyn E. Wade, M.D, Phyllis McCarthy, Ph.D., et al., "A randomized prospective study of the use-effectiveness of two methods of natural family planning", en *American Journal of Obstetrics and Gynecology*, 15 de octubre de 1981, 141:4, págs. 368-376. "There were no method failures in the STM group", pág. 374.

2. Véase "¿Puede la lactancia espaciar los nacimientos?" (La Liga de Pareja a Pareja, 1998) para mayor información y referencias. Para ayuda práctica sobre como seguir la lactancia ecológica en la cultura occidental, véase, *Breatfeeding and Natural Child Spacing: How Natural Mothering Spaces Babies* por Sheila K. Kippley (Cincinnati: Couple to Couple League, 1989).

3. Mary Peter McCusker, *Couples' Perceptions of the Use of Fertility Awareness Methods of Natural Family Planning on Their Marriage Relationship* (Washington: Catholic University of America), tesis de grado para el título de maestría, junio de 1976.

4. Joseph Tortorici, "Contraception Regulation, Self-Esteem, and Marital Satisfaction among Catholic Couples: Michigan State University Study", en *International Review of Natural Family Planning* 3:3 (otoño de 1979), págs. 191–205.

5. Uno de los estudios demuestra que menos del 1% de los usuarios de PNF que respondieron se habían divorciado y habían vuelto a casar. (Nona Aguilar, *No Pill, No-Risk Birth Control* [Nueva York: Rawson Wade, 1980], págs. 104–105). Sacerdotes que tienen basta experiencia en tribunales para matrimonios Católicos, han informado que en casi todos los casos de divorcio, el mismo ha sido precedido de la falta de castidad, ya sea por la contracepción en el matrimonio, por relaciones sexuales prematrimoniales, o ambas cosas.

6. Oscar y Susan Staudt, "Abstinencia Creativa" (La Liga de Pareja a Pareja, 1999).

7. "La responsabilidad ante el amor es inseparable de la responsabilidad ante la procreación", *L'Osservatore Romano*, 20 de diciembre de 1990, 3.

8. Ídem.

Las respuestas al cuestionario son todas verdadero.

10. Las finanzas

La manera de manejar el dinero en el matrimonio puede ser una fuente de acercamiento o de irritación o hasta de separación. Por lo tanto, es importante hablar de finanzas antes de casarse. Pero lo crítico no es sólo estar de acuerdo sobre asuntos monetarios; después de todo dos personas pueden acordar un plan que sea tanto absurdo como carente de influencia alguna del Evangelio. Es necesario un presupuesto cristiano y prudente en el mejor sentido de la palabra.

Este capítulo no trata sobre los detalles de cómo se prepara un presupuesto familiar (algo muy importante), ni del uso de tarjetas de crédito (que pueden ser muy útiles en una emergencia pero también pueden ser desastrosas), ni de planes de ahorro, etc. Ese tipo de ayuda la pueden obtener en otras partes. Pero mucho cuidado: muchos de esos consejos se dan como si la acumulación de dinero fuera la meta de la vida.

Como van a contraer matrimonio cristiano, ¿qué puede ser mejor que dejar que Cristo dirija el pensamiento de ustedes sobre la vida, incluidas las finanzas? Los evangelios nos muestran que Jesús definitivamente enseñó sobre el dinero y la riqueza, y las opiniones que se expresan en este capítulo están dirigidas a aplicar esas enseñanzas a los aspectos económicos del matrimonio.

¿Qué enseñó Jesús sobre el dinero y la riqueza?

El evangelio de Lucas en especial, nos revela las enseñanzas de Jesús sobre el dinero y la riqueza, pues en Lucas se encuentran al menos diez pasajes que nos describen la actitud y la doctrina de Cristo en relación con ese tema.

1. Jesús nació en el ambiente extremadamente humilde de una cueva en el pequeño pueblo de Belén (Lc 1, 1–20). ¿No es eso enseñar con el ejemplo?

2. Asimismo, Jesús señaló que "Las zorras tienen guaridas, y las aves del cielo nidos; pero el Hijo del hombre no tiene donde reclinar la cabeza" (Lc 9, 58).

3. En el evangelio de Mateo, leemos: "Bienaventurados los pobres de espíritu, porque de ellos es el Reino de los Cielos" (Mt 5,3). En Lucas sin embargo leemos: "Bienaventurados los pobres, porque vuestro es el Reino de Dios" ((Lc 6, 20). Aún más, Lucas contrapone a las Bienaventuranzas con opuestos ¡ay!: "Pero, ¡ay de vosotros los ricos!, porque habéis recibido vuestro consuelo (Lc 6, 20).

4. En cuatro pasajes distintos del capítulo 12 pero relacionados, Lucas nos relata el pensamiento de Jesús sobre la riqueza.

Jesús comienza la parábola de los graneros enseñándonos así: "Mirad y guardaos de toda codicia, porque, aun en la abundancia, la vida de uno no está asegurada por sus bienes". Luego ilustra esto con la historia de un hombre que recogió tanto fruto que iba a demoler sus graneros y edificar otros más grandes, y se decía a su alma,

> Alma, tienes muchos bienes en reserva para muchos años. Descansa, come, bebe, banquetea". Pero Dios le dijo, '¡Necio! esta misma noche te reclamarán el alma; las cosas que preparaste, ¿para quién serán?' Así es el que atesora riquezas para sí, y no se enriquece en orden a Dios" (Lc 12, 13–21).

5. Luego el Señor relata la parábola de los lirios del campo, la que terminó con la siguiente enseñanza:

> "No andéis buscando qué comer ni qué beber, y no estéis inquietos. Que por todas esas cosas se afanan los gentiles del mundo; y ya sabe vuestro Padre que tenéis la necesidad de eso. Buscad más bien su Reino, y esas cosas se os darán por añadidura" (Lc 12, 29–31).

6. Después Jesús nos enseña que debemos hacernos un tesoro en el cielo:

> No temas, pequeño rebaño, porque a vuestro Padre le ha parecido bien daros a vosotros el Reino. Vended vuestros bienes y dad limosna. Haceos bolsas que no se deterioran, un tesoro inagotable en los cielos, donde no llega el ladrón ni la polilla; porque donde esté vuestro tesoro, allí estará también vuestro corazón" (Lc 12, 32–34).

7. Dos parábolas del capítulo 16 del evangelio de Lucas ilustran lo que Cristo nos enseña sobre el dinero y la riqueza. Al final de la parábola del administrador infiel, dice:

> "Ningún criado puede servir a dos señores, porque aborrecerá a uno y amará al otro; o bien se entregará a uno y despreciará al otro. No podéis servir a Dios y al dinero" (Lc 16, 13).

8. Una poderosa imagen de los peligros de la riqueza nos la muestra la parábola del hombre rico y el pobre, Lázaro, que,

> "cubierto de llagas, deseaba hartarse de lo que caía de la mesa del rico pero hasta los perros venían y le lamían las llagas. Sucedió pues, que murió el pobre y fue llevado

por los ángeles al seno de Abraham. Murió el rico y fue sepultado. Estando en el Hades entre tormentos, levantó los ojos y vio a lo lejos a Abraham, y a Lázaro en su seno" (Lc 16, 19–31)

9. La historia del joven rico que guardaba todos los mandamientos se utiliza generalmente para ilustrar el valor del voto de pobreza para los que siguen a Cristo en la vida religiosa. No obstante, la última parte también puede demostrar el modo de pensar y la doctrina de Jesús sobre el dinero y las posesiones.

"Aún te falta una cosa. Todo cuanto tienes véndelo y repártelo entre los pobres y tendrás un tesoro en los cielos; luego, ven y sígueme." Al oír esto, se puso muy triste, porque era rico. Viéndole Jesús, dijo: "¡Qué difícil es que los que tienen riqueza entren al Reino de Dios! Es más fácil que un camello entre por el ojo de una aguja, que el que un rico entre en el Reino de Dios." Los que lo oyeron, dijeron: "¿Y quién se podrá salvar?" Respondió: "Lo imposible para los hombres, es posible para Dios" (Lc 18, 18–27).

10. Algunas personas se dicen que más adelante, cuando tengan mucho más dinero, contribuirán generosamente a la Iglesia. Jesús nos enseña el valor de dar una porción justa de lo que ahora tenemos.

Alzando la mirada, vio a unos ricos que echaban sus donativos en el arca del Tesoro; vio también a una viuda pobre que echaba allí dos moneditas, y dijo: "De verdad os digo que esta viuda pobre ha echado más que todos. Porque todos éstos han echado como donativo de lo que les sobraba, ésta en cambio ha echado de lo que necesitaba, todo cuanto tenía para vivir" (Lc 21, 1–4).

En resumen, aunque no es incorrecto desear un trabajo responsable que pague bien, la idea de acumular riqueza sólo por ella misma se contrapone a lo que Jesús nos enseña. Las posesiones y hasta la habilidad para ganar dinero deben considerarse en el contexto de la administración de bienes.

¿Qué es administrar los bienes cristianamente?

Administrar los bienes cristianamente requiere una manera de pensar que reconozca el dominio del Señor sobre nuestras vidas. Así, puede uno preguntarse ¿qué tengo yo que no haya recibido de otros y en última instancia de Dios? ¿Buena salud? ¿Una mente clara y cierto nivel de inteligencia? ¿Padres que me han querido y educado? ¿Hijos? ¿Algún talento especial? ¿Una herencia? ¿La habilidad de ganarme la vida mediante el trabajo productivo?

En ese estado de ánimo, el cristiano se pregunta también, ¿cómo he de compartir con los demás los bienes que el Señor ha compartido conmigo?

¿Qué es pagar el diezmo?

Pagar el diezmo es una forma de administrar cristianamente nuestros bienes contribuyendo con parte de nuestro ingreso. Quiere decir literalmente, devolver al Señor el 10% de nuestro ingreso, y el concepto viene del Antiguo Testamento (Dt 14, 22 y siguientes). La idea es dar al Señor de lo primero, no de lo que nos sobra, en agradecimiento por todo lo que uno ha podido ganar, porque sin sus dones de inteligencia, salud y talentos, ¿cuánto hubieras podido ganar?

¿Cuánto del ingreso es realmente ingreso? En mi opinión, el ingreso bruto es algo que nunca se ve, así que es necesario deducir todos los impuestos y cotizaciones a la seguridad social para poder llegar al ingreso que sirve de base para el diezmo.

¿Cuánto se debe donar? Yo sé que muchos interpretan que el diezmo de la Biblia debe ser una cantidad menor que el 10%, pero ¿quién soy yo para sugerir menos de lo que dice la Sagrada Escritura? ¿Y quién soy yo, para interpretar que los que tengan ingresos muy altos deban limitarse solo a ese 10%?

¿Entre qué obras se debe repartir el diezmo?

Si eres católico, normalmente la parroquia debe ser el principal beneficiario, porque la parroquia es la primera línea de donde emanan los servicios espirituales de la Iglesia. Los buenos sacerdotes merecen y necesitan nuestro apoyo. Otros beneficiarios del diezmo pueden ser organizaciones que trabajan en las obras del Señor.

¿Cuánto se debe gastar en la boda y recepción?

El costo de hacer los votos conyugales ante un sacerdote y dos testigos es casi nada. Lo que hace la ceremonia costosa son todas esas cosas que no son esenciales para celebrar el Sacramento del Matrimonio.

¿El traje de novia? Mi novia se lo hizo ella misma en 1963; sé de otra chica cuyos padres son ricos y se gastaron $2.500 (en dólares de 1990) en el traje. Unos días o semanas más tarde ¿quién se va a acordar de los detalles y adornos que pueden hacer costosa la ceremonia?

¿La recepción? Me han invitado a decenas de recepciones, desde una cena a todo dar en un hotel hasta los típicos salones de recepción con comida tipo cafetería y puedo decirles que para la fecha que regresen de la luna de miel, ya casi nadie se acuerda de nada especial de la boda y recepción, a no ser de alguna metida de pata, como la del padre que presentó a todos los miembros del cortejo nupcial menos a los novios. Un consejo personal: si donde se van a casar tienen por costumbre tocar una música sensual de cabaret al tiempo que el novio le saca la liga a la novia, tengan el valor de ser diferentes; no lo hagan. Esa música y las acciones que la acompañan no tienen lugar en la celebración de un matrimonio casto.

¿Cuánto dinero se necesita para comenzar la vida de casados?

Normalmente, lo más importante es tener un trabajo con ingreso suficiente para cubrir las necesidades básicas de la vida de familia: caridad; ropa; comida; casa; cuidados médicos y dentales; transporte; gastos de agua, electricidad, teléfono, etc., y generalmente algún seguro. Para los que tengan niveles más bajos de ingreso puede ser necesario dar mayor consideración al verdadero costo de establecer una familia. Por otro lado, algunos pueden prestar demasiada atención a los costos de la vida de familia y usar esto como excusa tanto para posponer el nacimiento del primer hijo como para limitar el número de hijos.

¿Qué se debe hacer si se tienen grandes deudas al casarse?

Antes de casarse, hablen sobre las deudas que tengan los dos. Si tienen deudas causadas por sobrepasarse en los gastos, eso es un problema y lo mejor que puede hacer cada uno es comenzar a vivir ceñidos a un presupuesto, pues de otro modo van a tener muchos problemas en la vida juntos. Si tienen deudas debido a los costos de la educación universitaria, determinen un programa de pagos. Si van a tener dos ingresos hasta el advenimiento del primer hijo, traten de dedicar el ingreso mayor a pagar las deudas.

¿Qué cosas necesitan los recién casados?

Una cosa muy importante que todos tenemos que aprender es distinguir entre nuestros deseos y nuestras necesidades. Los bienes materiales que se necesitan para comenzar una vida juntos son realmente muy pocos. Una mesa sencilla y dos o cuatro sillas, un mínimo de utensilios de cocina y vajilla. Algo donde sentarse en la sala. Un lugar donde dormir y otro donde guardar la ropa. Eso es todo.

¿Qué cosas no necesitan los recién casados?

Muchos recién casados gastan grandes sumas de dinero y se endeudan para comprar muebles que realmente no necesitan. No necesitan que la cama tenga cabecera ni pie de cama. No necesitan un dormitorio amueblado con muebles muy caros. No necesitan tener un juego de comedor carísimo ni piezas de mucho valor para la sala. Después de todo, es posible que cambien de gusto. Es más importante pagar las deudas por gastos de universidad, si las tienen, que invertir dinero en muebles que quizá después de unos años hubieran preferido no tener, especialmente si se han tenido que mudar varias veces. Es sorprendente las cosas muy buenas de segunda que se pueden adquirir por medio de anuncios, en liquidaciones de herencias, ventas por mudanza, etc.

Algo muy importante en la lista de cosas que no se necesitan para casarse está una casa, especialmente una grande. Si la compran ¿tiene sentido cristiano comprar una que requiera dos ingresos para pagar la hipoteca? Acuérdense, el matrimonio es para la familia, y los expertos en desarrollo de los niños están de acuerdo en esto: los niños necesitan a su madre en la casa1.

¿Qué es lo verdaderamente importante de todo esto?

Durante la preparación para el matrimonio — y a lo largo de la vida de casados — es de suma importancia ser conscientes ante todo de que van a contraer (o han contraído) matrimonio cristiano. Están diciendo que aceptan a Jesús como Señor y Salvador y que saben que caminar con Él en esta vida es imperativo si hemos de gozar con Él por toda la eternidad. Entonces, asegúrense que lo dejan caminar con ustedes cuando se preparan para el matrimonio, cuando celebran el matrimonio y cuando educan a la familia. Como dice San Pablo, "Revestíos más bien del Señor Jesucristo" (Rm 13, 14). Permitan que la mente, corazón y disposición de Jesús se conviertan en las de ustedes. Permitan que la vida matrimonial de ustedes sea una de seguimiento cristiano tanto en las cosas materiales de la vida así como también en la habitación y en la mañana del domingo.

La administración verdaderamente cristiana de los recursos será una fuente de unión conyugal. Sin embargo, las actitudes no cristianas en el manejo del dinero, y otras, pueden causarles sentimientos de desasosiego en el mejor de los casos, o de estrés, conflicto y tensión.

Temas para estudiar juntos

1. En este capítulo se citan varios pasajes de las Escrituras sobre los que Jesús nos enseña acerca del dinero y la riqueza. Intercambien sus ideas sobre lo que estos pasajes les enseñan.

2. ¿Qué es la administración cristiana de los bienes y cómo la pondrán en práctica en su matrimonio?

3. ¿En qué difieren los "deseos" y las "necesidades"? Conversen sobre las "necesidades" que pueden anticipar al comienzo de su vida matrimonial. Conversen sobre los "deseos" que tendrán que posponer.

Referencias

1. "The First Three Years: the importance of mother/child togetherness" (Cincinnati, Box 11184, 45211: Foundation for the Family, 1988), folleto.

11. La boda

El día de la boda es muy especial en la vida de un matrimonio, pues marca el comienzo de toda una nueva vida, una vida juntos como esposos y ya no de dos personas separadas. Para los que comprenden lo que es el matrimonio, éste invita a la celebración porque dos personas están profesando públicamente sus promesas de ser esposo y esposa hasta que la muerte los separe y de amarse con ternura en la prosperidad y en la adversidad. Esto es un tremendo compromiso. Ello siempre ha sido así pues en la mayor parte de la historia del cristianismo la pareja ha encontrado un extenso apoyo social para su matrimonio. Sin embargo, hoy en día las leyes estatales sobre divorcio, que lo permiten hasta sin que medie causa, están erosionando ese apoyo. Es en verdad causa de júbilo que ustedes dos se estén uniendo a Dios para crear este lazo de unión entre ustedes para toda la vida.

¿Debemos tratar de que nuestra ceremonia sea excepcional?

El hecho de que se estén casando ya hace que la boda de ustedes dos sea algo excepcional. No es necesario hacerla excepcional respecto a otras cosas. He asistido a muchas bodas, y después de presenciar varias, todas se me confunden en la memoria; las únicas cosas que se recuerdan son las pifias a veces humorísticas, lo que no salió de acuerdo con los planes. Así que, en vez de preocuparse con todo tipo de preparaciones elaboradas y detalles que casi nadie va a apreciar o recordar, mi sugerencia es que preparen una boda sencilla y relajada, disfruten de la vida en esas últimas semanas antes de la boda y disfruten la ceremonia nupcial y la recepción.

¿Cómo debemos tratar con el sacerdote que celebrará nuestra boda?

Pregunten pero no ordenen. Es decir, no lleguen al sacerdote con una lista de órdenes. El sacerdote quiere que la boda sea una ocasión de celebración para todos. También quiere que las preparaciones sean placenteras. Posiblemente ha tenido mucha experiencia en celebrar bodas y además, tiene que regirse por las leyes eclesiásticas en cuanto a la liturgia. Hagan buen uso de su experiencia. Si tienen preguntas sobre la ceremonia, plantéenlas, y él con mucho gusto se las contestará.

¿Podemos escoger las lecturas para la Misa?

Sí, con ciertos límites. Todas las lecturas tienen que ser tomadas de la

Sagrada Escritura, y se pueden escoger las lecturas dentro de una lista muy variada de pasajes bíblicos, como sigue:

Antiguo Testamento
> Génesis 1, 26-28; 31a
> Génesis 2, 18-24
> Génesis 24, 48-51; 58-67
> Tobías 8, 4b-7
> Eclesiástico 26, 1-4; 13–14; 16
> Cantar de los Cantares 2, 8; 9b–14; 16a; 8, 6-7a
> Jeremías 31, 31-32a; 33-34a

Nuevo Testamento
> Romanos 8, 31b–35; 37–39
> Romanos 12, 1–2; 9–13
> 1 Corintios 6, 13c–15a; 17–20
> 1 Corintios 12, 31 a 13, 8
> Efesios 5, 2a; 21–33
> 1 Pedro 3, 1–9
> 1 Juan 3, 18–24

Salmos responsoriales
> Salmo 8, 4–5; 6–7; 8–9
> Salmo 127, 1–2; 3; 4–5
> Salmo 32, 12 y 18; 20–21; 22
> Salmo 33, 2–3; 4–5; 6–7; 8–9
> Salmo 102, 1–2; 8 y 13ñ 17–18a
> Salmo 111, 1–2; 3–4; 5–7a; 7bc–8; 9
> Salmo 148, 1–4; 9–14a

Versículos antes del Evangelio
> 1 Juan 4, 8; 11
> 1 Juan 4, 12
> 1 Juan 4, 16
> 1 Juan 5, 7b

El Evangelio
> Juan 4, 7–12
> Mateo 22, 35–40

Juan 2, 1–11
Mateo 5, 1–12a
Mateo 5, 13–16
Mateo 7, 21; 24–25
Mateo 19, 3–6
Juan 15, 9–12
Juan 15, 12–16a
Juan 17, 20–23

¿Podemos elegir la música que queramos?

No se olviden de hacer esta pregunta al sacerdote o al director de música de la parroquia; la respuesta puede variar según la diócesis. Generalmente la música para la liturgia tiene que ser sagrada y tener calidad artística. Las selecciones musicales seculares están limitadas al período antes de empezar la Misa, si es que se permiten.

Lo importante es recordar que ustedes están ayudando al sacerdote a preparar una ceremonia sagrada; la música debe ser tal que conduzca a los amigos y familiares a elevar sus mentes y corazones hacia Dios, que es la finalidad de toda música sacra. Y si esto sucede, es muy posible que los presentes oren por ustedes, los novios.

Pueden pedir a los músicos que toquen la música secular que ustedes quieran en la recepción; no tienen que aceptar su repertorio usual y sería conveniente averiguar con anticipación, en caso que ustedes no lo especifiquen, qué repertorio va a tocar el montadiscos o el conjunto musical. También pueden acordar con antelación el nivel del volumen de manera que sean ustedes los que lo controlen. Deben decidir si prefieren que los invitados puedan conversar o si será imposible hablar debido al alto volumen de la música; y sería bueno decidir con antelación todo esto con los padres.

¿Debemos celebrar la liturgia del sacramento con o sin Misa?

Esto sí es algo que tienen que decidir con el sacerdote. Lo tradicional es que los novios católicos hagan sus votos matrimoniales en el contexto del Santo Sacrificio de la Misa, ya que ello simboliza que colocan el matrimonio en el contexto de la vocación cristiana. No obstante, es importante que sepan que están igualmente «casados» si celebran la liturgia del sacramento sin Misa.

Si uno de los dos no es católico pero sí cristiano bautizado, se puede celebrar el sacramento con Misa, aunque sólo pueden recibir la comunión los que sean católicos prácticos. Si uno de los dos no es católico y tampoco cristiano bautizado, de ordinario no puede celebrarse el sacramento con Misa.

Un asunto importante es si son católicas las dos familias. Relacionado con esto está el tema de si el padre y la madre de cada uno de los novios siguen casados con su cónyuge original o se han divorciado y vuelto a casar. No quiero decir que estos sean impedimentos para la celebración del sacramento con Misa, pero son factores que deben examinarse con el sacerdote antes de tomar la decisión.

Además, si los novios están viviendo juntos antes del matrimonio y no se han arrepentido, entonces sería una hipocresía y hasta un sacrilegio hacer sus promesas en el contexto de la celebración del sacrificio salvífico de Cristo. Tal pareja no debe recibir la Sagrada Comunión mientras no se hayan arrepentido, confesado y recibido el Sacramento de la Reconciliación.

¿Debe depositar la novia un ramo de flores a los pies de la Virgen?

Esto no es parte de la ceremonia oficial católica, pero es una hermosa tradición en muchas iglesias que tienen estatua de la Virgen. Simboliza la devoción a María y reconoce la necesidad de su ayuda para permanecer pura y fiel en el matrimonio. Pero, si la pareja está pensando comenzar su vida conyugal usando métodos no naturales de control de la natalidad, entonces están decidiendo vivir su vida matrimonial impuramente. En esas circunstancias, ¿sería correcto que la novia pretendiera que de veras pone su vida bajo la protección especial de la Virgen María?

¿Y respecto a otras ceremonias como encender velas simbólicas, etc.?

De nuevo, esas no son parte del ritual del matrimonio oficial católico. Si están pensando en algunas de esas ceremonias, no se olviden de preguntarle al sacerdote si son permitidas. Y, por supuesto, hablen sobre el simbolismo de las mismas.

¿Existe alguna regulación eclesiástica sobre el vestuario nupcial?

No hay nada específico, pero las normas generales de modestia se aplican. Muchas jóvenes no tienen idea del efecto que producen en los hombres cuando enseñan parte del busto o usan faldas muy cortas o pantalones muy apretados que enfocan la atención sobre sus cuerpos. Esos vestuarios producen tentaciones innecesarias a muchos hombres, y eso es vestir de forma inmodesta.

A juzgar por lo que he observado, parecería que algunas novias jóvenes no tienen idea de las normas de modestia o las ignoran. Conozco por lo menos de un sacerdote que le dice muy claramente a la novia que él no oficiará en su boda si ella viste un traje revelador. Y tiene toda la razón; no hay nada que pueda justificar el forzar a un sacerdote a estar mirando un escote inmodesto mientras oficia en lo que se supone sea el comienzo de un matrimonio casto y santo.

¿Quién debe pagar la boda y la recepción?

No hay nada escrito que dé respuesta definitiva a esta pregunta. A pesar de lo que digan los libros de etiqueta para bodas, en cuanto a los costos de la ceremonia y la recepción no hay indicación lapidaria. Por lo tanto, es muy importante que discutan con mucha antelación todos estos asuntos con sus padres.

Aunque sea — o haya sido — la costumbre en los Estados Unidos de que los padres de la novia corren con los gastos de la boda y la recepción, en la práctica mucho depende de los recursos financieros de los padres así como de la costumbre local. (En algunas culturas, es exactamente lo opuesto: los padres del novio pagan un «precio» por la novia, a veces muy alto, a los padres de la novia.) Muchos padres fijan un límite al monto de su contribución financiera; todo lo que pase de esa cifra lo tienen que pagar los novios. Frecuentemente ambos trabajan.

Se pueden complicar más las cosas cuando la novia procede de una familia con medios económicos modestos y se casa con un joven de familia rica que quiere invitar a muchos amigos a la recepción. En ese caso, la noción de que la familia de la novia tiene que pagar todo es definitivamente inapropiada y debe llevarse a cabo una franca negociación. Quizá la familia rica quiera correr con todos los gastos o al menos pagar el costo de sus invitados.

El estado de vida de los padres de los novios puede afectar mucho los arreglos financieros. El divorcio puede definitivamente afectar cómo los padres responden a los asuntos financieros, y esto puede ser mucho más difícil y delicado cuando alguno ha vuelto a casarse.

¿Cuándo debemos hablar de los diferentes asuntos, especialmente de los más difíciles?

La sombra que producen los problemas no resueltos (o lo que puede convertirse en problema) puede oscurecer todo el período de preparación para el matrimonio. Por lo tanto, sugiero que se discutan cuanto antes todos los planes para la boda y la recepción. Otra sugerencia es que, antes de hablar sobre estos planes, no decidan nada que pueda ser negociable. Pueden aprender de los que tienen más experiencia, y encontrarán que algunos hechos pueden causar cambios en los planes, así que manténganlos tentativos.

Temas para estudiar juntos:

En la ceremonia nupcial, vienen ante Dios para hacer un compromiso para toda la vida. ¿Qué efecto puede tener esto en la decisión sobre los detalles de la boda, elaborados o simples?, ¿sobre la música que escogen?, ¿sobre los trajes del cortejo nupcial?

12. La luna de miel

Me parece que para los diferentes grupos de parejas la luna de miel será una experiencia totalmente distinta. Para los que han practicado la castidad premarital, la intimidad sexual será una experiencia como ninguna anterior. Para los que no han sido castos antes del matrimonio — especialmente si han estado viviendo juntos o fornicando en sus salidas — la luna de miel significará mucho menos, quizás sólo otras vacaciones más.

Los que llegan al matrimonio con la intención de posponer el embarazo por un tiempo, tienen otras preocupaciones sobre la castidad conyugal.

Entonces está la pregunta de cómo debe ser la luna de miel y para cuándo deben planearla.

Por último, no se sorprendan si la luna de miel y las semanas que la sigan les brinden la oportunidad de poner en práctica las técnicas de comunicación de que hablábamos en el capítulo 7. Fusionar dos vidas independientes en una vida matrimonial característicamente requerirá cambios de parte de ambos cónyuges; los cambios traen consigo el estrés, y manejar el estrés adecuadamente requiere buena comunicación.

¿Cuándo debemos irnos de luna de miel?

No hay ninguna ley que diga que es necesario irse de luna de miel inmediatamente después de la celebración de la boda. Por varias razones, algunas parejas prefieren posponer las vacaciones de luna de miel hasta después de unas semanas de casados. Una de ellas puede ser el clima del lugar que desean visitar así como la estación del año.

¿A dónde debemos ir de luna de miel?

De nuevo, no hay mandato alguno que obligue a ir a alguna parte. Puede ser que vivan en un área que la gente visita de vacaciones, pero ustedes no han tenido nunca tiempo de visitar los lugares de interés. Se sorprenderán de todo los lugares que se pueden visitar en la propia ciudad y sus alrededores. Un viaje costoso a un lugar exótico no puede asegurar absolutamente que el matrimonio va a tener un mejor comienzo que si se toman unas vacaciones en la localidad.

¿Qué pasa si tenemos suficiente motivo para posponer el embarazo pero nuestra boda tiene lugar durante el período fértil?

Esta no es una situación inusual. Tienen dos opciones morales. O llevan a cabo relaciones conyugales y permiten que venga un bebé si Dios quiere bendecirlos así, o se abstienen hasta llegar al período de infertilidad. Los matrimonios castos se han comportado de ambas maneras.

Puede haber formas de evitar este "problema". Si la novia tiene un ciclo menstrual y de fertilidad bastante regular, puede tratar de fijar la boda en una fecha en que se encuentre en el período de infertilidad. O, si se sabe con certeza cuando se aproxima la fecha de la boda que ésta va a tener lugar durante el período fértil, pueden posponer la luna de miel para que tenga lugar digamos, una semana después de la boda. La ventaja de esto es que pueden arreglar bien el apartamento, cambiar algunos regalos y escribir las tarjetas de agradecimiento antes de irse de vacaciones de luna de miel.

Les ruego que no comiencen el matrimonio usando anticoncepción. Aunque esto sea sólo durante la luna de miel, sigue siendo materia grave de pecado. Esta conducta contradice la propia naturaleza del matrimonio: una relación en la que han de aumentar en santidad, cooperando con las gracias del Sacramento. Además, éste es un pecado del que puede ser muy difícil arrepentirse, ya que el verdadero arrepentimiento requiere verdadero dolor y una postura de "si tuviera que pasar por ello otra vez, no cometería ese pecado". Lo que trato de decir es que, si fueron estas unas vacaciones de luna de miel muy sensual, gracias a la ayuda de la anticoncepción, te costará mucho trabajo aceptar honestamente que si tuvieras que repetirlo de nuevo mañana, no lo harías.

¿Cuál es la experiencia de las parejas que han estado de luna de miel durante el período de fertilidad?

Esa pregunta se les planteó a los lectores de *CCL Family Foundations*, la revistita de la Liga de Pareja a Pareja, para la planificación natural de la familia. Lo que sigue son algunas de las respuestas:

> **Dos semanas antes de la boda,** mi gráfica de PNF me permitió ver que la ovulación iba a tener lugar posiblemente el primer día de mi luna de miel. Aunque fui educada en un familia católica grande que respaldaba la PNF, la posibilidad de concebir el primer año de casada me preocupaba tremendamente. Para mi gran sorpresa, hasta cierto punto la secularización y el materialismo que plaga

a la sociedad había penetrado mi crianza profundamente cristiana en lo que respecta a los hijos y el matrimonio. Como muchas parejas comprometidas, tenía planes de desarrollar mi carrera unos dos años más y comprar la casa "perfecta", completamente amueblada, antes de tener hijos. La fantasía de una casa cómoda y una madre que quería quedarse en casa, porque ya había trabajado en el mundo de los negocios, parecía perfecta. Obviamente, la sociedad había marcado en mí la percepción de que los recién casados no deben tener la sobrecarga de concebir un hijo en el primer año de su matrimonio.

Por suerte, Dios me bendijo con un novio que respetaba mi feminidad y me alentó a no preocuparme por las cosas que no podía cambiar. Conversé muchas veces con mi madre sobre esto. Ella entendía perfectamente mis temores y trataba de disipar mis preocupaciones. Sin embargo, según se acercaba el día de la boda y mi ciclo permanecía regular, mi nerviosismo en lo que respecta a la realidad de un embarazo inminente aumentó dramátic-amente. Simplemente me negaba a someter mis sueños a la realidad y la verdad que Dios me guardaba. Mi madre, con razón, me dijo que si no estaba dispuesta a aceptar los hijos cuando Dios me los quería mandar, entonces yo no era capaz de contraer matrimonio genuinamente católico.

Esta apreciación honesta conmovió y fortaleció mi fe. Después de semanas de lamentarme de la posibilidad tan real de concebir durante mi luna de miel, finalmente puse esta situación en manos de Dios.

Mi esposo y yo si tuvimos relaciones conyugales durante la luna de miel, y, para nuestra sorpresa, no quedé embarazada. La real ironía de todo esto es que durante el segundo mes de matrimonio estábamos tan impresionados con no haber concebido un hijo en el período fértil del primer mes, que bajamos completamente la guardia y como resultado quedé embarazada. Sí, de momento nos atrevimos a enojarnos, pero después de un verdadero examen de conciencia nos dimos cuenta de que los dos creíamos de veras que los hijos son una bendición, sin que tenga importancia cuánto tiempo después de casados se conciben. Lo que no nos permitió conocer esta verdad desde el principio fue esa postura centrada en nosotros mismos, la cual habíamos adoptado sin darnos cuenta y la que nos ofrece la sociedad secular que nos dice que las parejas que esperan para traer hijos al mundo son más felices y son más maduros.

Alrededor de 11 meses después de nuestra boda, nació nuestra preciosa hija. Ninguno de los dos nos podemos imaginar nuestro matrimonio sin ella.

— *S.R., Pennsylvania*

Es posible planear la luna de miel para que caiga durante el período de infertilidad. Hace exactamente once meses, mi esposa y yo tuvimos éxito en la luna de miel durante el período de infertilidad. Aquí van unos apuntes que pueden ser útil al respecto:

1) Tomen un curso de PNF en cuanto se hayan comprometido para casarse. 2) Trabajen en anotar con exactitud en la gráfica; y observen las tendencias del ciclo. 3) Traten de fijar la boda de acuerdo con las tendencias del ciclo (por ejemplo, principios de mes, fin de mes). 4) Si la luna de miel coincide con los días fértiles, planeen muchas actividades fuera de la habitación, y disfruten de la mutua compañía. 5) Mantengan el control y no compren anticonceptivos artificiales como respaldo. 6) Oren por tener la fortaleza necesaria para mantener el control durante el período de fertilidad.

Una de las experiencias que más nos llenan es celebrar nuestra sexualidad en los términos establecidos por nuestro Creador. Mi esposa y yo estamos muy satisfechos con los efectos que la PNF ha tenido en nuestro matrimonio.

— *S.P., Indiana*

Estábamos en el período de fertilidad durante nuestra luna de miel, pero no quedé embarazada enseguida. Nos abstuvimos. Créanlo o no, no es imprescindible tener relaciones sexuales la noche de bodas.

Cuando mi esposo y yo nos casamos éramos lo suficientemente maduros para reconocer que nuestra

La luna de miel

primera prioridad no era tener relaciones sexuales durante la luna de miel. El respeto mutuo y el poder compartir nuestras metas para toda la vida era mucho más importante. Por supuesto que fue muy difícil, pero habíamos esperado toda nuestra vida para entregarnos mutuamente. ¿Qué importaban dos semanas más?

— *L. y P.C., Minnesotta*

Cuando mi esposo y yo nos comprometimos, yo me sentía muy inclinada a posponer el embarazo por un año. Unos cuantos meses antes de la boda calculé si la misma tendría lugar en el momento de mi fertilidad. Según se acercaba el día, comencé a preocuparme porque observé que la ovulación se demoraba y no seguía el patrón de los ciclos anteriores.

¿Qué hacer en nuestra noche de bodas? Pues le comunique a mi esposo la posibilidad de quedar embarazada y decidimos que correríamos el riesgo. Pensamos que a la mejor no pasaba nada, aparte de que estábamos muy enamorados y queríamos consumar nuestro matrimonio. Nos sentíamos tan felices de estar juntos que decidimos dejarlo todo en manos de Dios.

Una semana más tarde supe que estaba embarazada. Nuestros sentimientos fueron una mezcla de desilusión y alegría, y conversamos sobre ello. Bueno, toma nueve meses y eso nos dio suficiente tiempo para acostumbrarnos a la idea; estábamos entusiasmados y esperábamos ansiosamente el nacimiento.

Cuando nuestro hijo nació el día de San Valentín, tuvimos tal sentimiento de alegría que los dos lloramos. No me puedo imaginar lo que nos hubiéramos perdido si no hubiéramos puesto nuestra confianza en la voluntad de Dios.

— *J.S., Ohio*

Mi esposo y yo llevamos ocho meses de matrimonio. Los dos somos protestantes renacidos y creemos que la PNF sólo funciona cooperando con Dios en lo que se refiere a la creación de vida. Nosotros aceptamos desde el comienzo

113   *El Matrimonio es para Siempre*

de nuestro compromiso que había la posibilidad de que tuviéramos que abstenernos durante parte de nuestra luna de miel.

Descubrimos que hay muchas razones para escoger el día de la boda que no tienen nada que ver con el ciclo menstrual. El día lo escogimos teniendo en cuenta los parientes, la disponibilidad de la iglesia y del lugar de la recepción, etc. y lo demás lo pusimos en manos de Dios.

Mi período comenzó el día antes de la boda. En mi caso, la fase I dura nueve días, así que nos abstuvimos los últimos seis días de la luna de miel. Yo había pensado que me iba a desilusionar completamente si eso pasaba, porque había esperado mucho tiempo para casarme (tenía 30 años y era virgen), y por la gracia de Dios y mucha oración nos habíamos mantenido castos durante los dos años de noviazgo y compromiso. No obstante, Dios siempre nos trae beneficios en situaciones en que no los esperamos, y creo que como aceptamos que tendríamos que abstenernos durante parte de nuestra luna de miel, nos preocupamos de otras cosas. Paseamos muchísimo por el lugar de nuestra luna de miel (lo que no hubiéramos hecho si yo hubiera estado en la fase I o III), fuimos a cenar más a menudo y mantuvimos conversaciones maravillosas, tuvimos más tiempo para orar juntos, nos metimos en pequeñas librerías y otras tienditas, nos sentamos en las plazas a tomar café. En otras palabras, nos dedicamos a conocernos en aspectos distintos del físico, y como ya estábamos casados, vimos esto como un regalo que teníamos que esperar un poco más de tiempo para poderlo desenvolver más completamente.

Además, aunque esto es algo difícil de entender para una pareja comprometida, las relaciones sexuales al principio conllevan un tanto de estrés y trabajo, y si eres virgen, dolor. ¡No es como lo pintan en el cine! Creo que nos sentimos liberados del estrés y la presión porque tuvimos que abstenernos por unos días.

Me gustaría recomendar mucho que hagan todo lo posible por tomarse dos semanas para la luna de miel. De veras que están conociéndose mutuamente, y ¿qué puede ser más importante que no sentirse apresurado en esos momentos. También, si te toca la fase II durante esos días, no sientes tanta presión y desilusión, pues sabes que la misma no durará durante toda la luna de miel.

Mi esposo y yo hemos aprendido tanto usando la PNF. Hace unos meses decidimos que queríamos tener un bebé. Con la PNF, yo sabía cuándo estaba ovulando y Dios nos permitió concebir el primer mes.

— K.S., Virginia

Mi esposo y yo comenzamos nuestro matrimonio hace cuatro años creyendo que la PNF era la única manera de vivir nuestra vida conyugal. Tomamos las clases antes de casarnos, y a través de la oración y el examen decidimos que pospondríamos tener familia. Consideramos la posibilidad de que nuestra luna de miel pudiera caer en el mismo medio de la fase II, y decidimos que si era así, esperaríamos hasta la fase III para celebrar físicamente nuestro voto matrimonial.

Lo que sucedió fue que tuve el ciclo más largo de mi vida (66 días) debido al estrés y emoción de tener una nueva casa y un marido. En oración y con ansiedad esperamos el precioso cambio de temperatura durante un mes después de casarnos. Al fin celebramos nuestra unión física un mes después de la boda con respeto mutuo y conciencias limpias.

Verdaderamente creemos que esta es la vía hacia un excelente matrimonio cristiano: Dios está en todas nuestras decisiones. En estos momentos nos estamos preparando como pareja para enseñar PNF y tenemos un precioso hijo de trece meses que espera un hermanito o hermanita el próximo junio. Nuestro consejo es que practiquen la PNF sin reservas, háblense, oren juntos, y pongan su matrimonio en las manos competentes de Dios.

— J.B., Ohio

¿Están preocupados por un embarazo durante la luna de miel? Les digo ¡despreocúpense! ¡Disfruten su luna de miel! Si el Señor decide que deben concebir, deben estar abiertos a su plan y poner toda su confianza en Él. El principal fin del matrimonio es traer hijos al mundo.

Mi hermana es mi mejor amiga. Ella quedó embarazada en su luna de miel y tuvo una hermosa niña nueve meses más tarde. Siempre soñó con tener una familia numerosa o, como ella decía, "tantos como el Señor me quiera mandar". Yo hasta la ayudé a comprar una mesa grande que pudiera sentar "al menos seis niños". No ha vuelto a concebir desde entonces y ya han pasado diez años.

Yo tengo cinco niños (y tendré tantos como Dios me quiera mandar) y muchas veces hablamos y a veces nos reímos sobre cómo nos ha tocado estar en los dos extremos del espectro. Su deseo de tener más hijos y su verdadero amor hacia los míos me hacen reconocer y apreciar la bendición que son los niños y cuán especial es el don de la fertilidad. Quizá si no hubiera concebido en su luna de miel, nunca hubiera tenido un hijo.

No importa cuáles son nuestras razones para posponer el embarazo en nuestro matrimonio, si no es la voluntad de Dios, no está bien y tendrá efectos dañinos en nuestra alma. En primer lugar, no dejemos que se nos olvide por qué nos dio Dios el sacramento del matrimonio y pongamos nuestro confianza completamente en Él, aceptando lo que Él mande o deje de mandar como su voluntad para con nosotros.

— *I.C., Indiana*

Ahí lo tienen, una variedad de experiencias diferentes con un denominador común: el deseo de hacer la voluntad de Dios.

El matrimonio es el camino ordinario por el que a la mayoría de las personas se les llama al servicio de Dios, el mutuo y el de los hijos, de manera que puedan trabajar para la salvación eterna. El Papa Juan Pablo II ha llamado al hogar católico la "Iglesia doméstica". Mi oración por ustedes es que siempre recuerden que se necesitan tres para casarse y que al permitir que el Señor tenga el lugar apropiado en su matrimonio, aumentarán su fe y su amor, y así gozarán de las alegrías y la felicidad de un matrimonio cristiano y una familia verdaderamente centrada en Cristo.

Acerca del Autor

John F. Kippley es un laico con licenciaturas en teología, casado y padre de cinco hijos. Junto a su esposa Sheila, es cofundador de la Liga de Pareja a Pareja (1971) y coautor de el libro *El Arte de la Planificación Natural Familiar*. También escribió el libro *Sex and the Marriage Covenant* (*El Sexo y la Alianza Matrimonial*). Ha publicado artículos en varios periódicos y revistas. En *El Matrimonio es para Siempre,* Kippley escribe desde una perspectiva teológica católica y de la experiencia adquirida a través de más de veinte años en la crianza de su familia, en la consejería y el trato con otras familias.

CPSIA information can be obtained at www.ICGtesting.com
Printed in the USA
BVOW040020240413

318936BV00002B/5/P